KB087214

easy
I Can
Grammar
Book4

지은이

신석영
現 아일랜드 교육 대표
I can Grammar (전 4권)
I can Reading (전 3권)
Just Reading 1, 2, 3 (전 3권)
Just Grammar 1, 2, 3 A / 1, 2, 3 B (전 6권)
JUST Grammar Workbook (전 3권)
Aim Higher English skills For Assessment (전 3권)
Voca Killer (전 3권)
Just Grammar Starter (전 3권)

영문 교열

김상민
Ian Anthony Highley

감수

김상민, 손민규
아일랜드 교육 연구소

Easy I can Grammar Book 4

지은이	신석영
펴낸이	신성현, 오상욱
영업 · 관리	허윤정
펴낸곳	도서출판 아이엠북스
	(153-802) 서울시 금천구 가산디지털2로 14 1116호 (대륭테크노타운 12차)
대표전화	02-6343-0999
팩스	02-6343-0995
출판등록	2006년 6월 7일
	제 313-2006-000122호
ISBN	978-89-6398-042-3 64740

Book4

easy
I Can
Grammar

Iam books

Preface

서술형, 논술형 50% 이상 확대!
학교시험, 틀이 확 바뀌었습니다.
학교, 학원 수업도 이젠 바뀌어야 합니다.

요즘에는 문법이 필요 없지 않느냐?라는 질문들을 많이 하는데 전혀 그렇지 않습니다. 물론 말하기도 중요하겠지만 한 사람의 영어를 정확하게 평가하는 척도는 글쓰기(Composition)입니다. 토플에서도 Structure(구조적인 문법 문제)가 빠지고 말하기와 쓰기가 도입되면서부터 한국학생들의 토플성적이 바닥을 치기 시작했는데, 이는 바로 문법에 대한 기본기가 되어있지 않기 때문입니다. 문법의 기초가 잡혀 있지 않을 때, 말하기는 물론 쓰기 영역에서 좋은 성적을 기대하기는 어렵습니다.

누구나 다 문법을 공부하지만 아무나 올바른 글쓰기를 하지 못합니다.
서울지역 초등학교 3학년부터 고등학교 3학년까지 내신시험의 주관식 문제가 2010년부터 기존의 단답형에서 서술형, 논술형 중심으로 전면 전환되었습니다. 서울시교육청은 2010년 2월 23일 '창의성 계발을 위한 평가 개선 기본계획'을 발표하고 2010년 1학기부터 시행에 들어간다고 밝혔고, 2010년부터 30%, 2011년에는 40%, 2012년에는 50%를 서술형 주관식으로 출제하기로 정했습니다. 이제는 영어에서 글쓰기 능력이 절대적으로 학교성적을 좌우하게 되었다고 볼 수 있습니다. 이제는 단순히 문법을 배우고 중학교에 진학하여 다시 처음부터 공부하는 단순한 주입식 문법 교육은 지양해야 합니다. 영어 의사소통 능력은 선택형이나 단답형 문항으로는 그 성취 여부를 제대로 측정하기 어렵기 때문에 서술형, 논술형 문항으로 전환함으로써 보다 지식 진보화 사회에 필요한 사고력, 문제 해결력 및 창의력을 측정하기 위함입니다.

Easy I can Grammar부터 앞서 출간된 심화단계인 I can Grammar를 차근히 공부하면 영어에 대한 자신감은 물론 영작과, 회화, 문제 해결능력 및 창의적인 사고능력 향상에 큰 도움이 될 것이라 자부합니다.

배우기 쉽고, 재미와 흥미를 이끌어 주고, 가르치기도 가장 편한 교재

이번에 출간되는 Easy I can Grammar에서는, 특히 아이들의 특성을 이해하고 인지 발달 단계와 언어 학습 원리에 맞게 정밀히 고안된 책입니다. Easy I can Grammar에서는 문법 개념을 재미있게 이해할 수 있도록 재미있는 그림과 삽화를 통해 수업 자체가 즐거울 수 있도록 구성하였고, 영문법의 개념을 재미있고 체계적으로 이해하고 익힐 수 있도록 단계별 누적 문제 시스템이 적용되어 차례대로 학습만 하면 저절로 복습이 되도록 기획되었습니다.

또한 선생님들은 풍부한 단계별 문제와 심화, 발전, 그리고 Writing 영역까지 고루 학습 장치가 마련되어 있어 수업을 하기에도, 확인학습을 시키기에도, 그리고 별도의 Workbook을 통해 숙제 내주기에도 가장 편한 교재가 될 것입니다.

"Easy I can Grammar"가 출간되기까지 더 좋은 책을 위해 헌신의 노력을 다해주신 Iambooks 관계자 여러분들에게 고개 숙여 깊은 감사를 드립니다. 마지막으로 항상 옆에서 힘이 되어주는 내 가족, 힘들어도 묵묵히 응원해준 내 아내 미선이, 그리고 아빠에게 언제나 용기와 희망을 주는, 딸 서윤이에게 깊은 감사와 사랑을 전합니다.

2010년 6월 신석영

Structures & Features

Easy I Can Grammar는 학생 스스로 예습 및 복습이 가능하도록 정밀히 고안된 독창적인 장치들로 짜여 있고, 자세한 설명과 예문, 그리고 배운 내용을 바로 확인할 수 있는 단계별 누적 문제 시스템이 적용되어 차례대로 학습만 하면 저절로 복습이 되도록 맞춰져있습니다.

TARGET WORDS

각 Unit은 학습 내용과 관련된 핵심 단어들을 확인해 보는 것으로 시작합니다. 알고 있는 단어는 다시 확인하고 몰랐던 단어는 익히고 넘어갈 수 있도록 하였습니다.

GRAMMAR POINTS

중요한 핵심 문법용어와 개념을 예문과 사진 또는 삽화를 통해 쉽게 이해할 수 있도록 설명하고 있습니다.

MINI TEST

본격적인 Exercise 문제풀이 전에 앞서 배운 핵심 문법사항과 규칙을 제대로 이해했는지 간단한 테스트를 통해 다시 한 번 정리해 볼 수 있습니다.

EXERCISE 1, 2, 3

다양한 형태로 제시되는 문제들을 통해 문법 개념을 확실히 이해하고 실력을 굳힐 수 있도록 하였습니다.

JUMP UP!

앞에서 배운 문법사항과 규칙을 이용한 고난이도 문법문제를 풀어보며 실력을 한 단계 더 업그레이드 할 수 있습니다.

WRITING ACTIVITY

앞서 배운 문법이 영작문 실력 향상으로 이어질 수 있도록 직접 문장을 써보고 완성하는 서술형 문제로 구성하였습니다.

ORAL TEST

해당 Unit에서 배운 문법사항과 중요 단어들을 소리 내어 다시 복습해 볼 수 있도록 하였습니다.

PROGRESS TEST

4개의 Unit이 끝날 때마다 Progress Test를 통해 그동안 배운 문법 내용들을 중간 점검해 보고 다시 정리할 수 있도록 하였습니다.

FINAL TEST

한 권을 마무리하며 이제껏 배운 내용을 중심으로 종합 평가해 보는 시간입니다. 실제 시험을 본다는 기분으로 한 문제 한 문제 신중하게 풀어보며 문법사항을 최종 마무리 할 수 있도록 합니다.

My Study Planner

Easy I Can Grammar 4는 총 8주 학습이 적절합니다. 아래 제시된 학습 분량 정도라면 학생들이 부담 없이 영어에 대한 재미와 흥미를 잃지 않고 꾸준히 학습할 수 있을 것으로 사료됩니다. 물론 현장의 상황과 조건에 맞춰 flexible하게 조정해도 무방합니다. 본 planner는 단지 참고용으로 활용하시면 되겠습니다. 맨 오른쪽의 Check-up은 매일 매일의 학습 분량을 학생 스스로가 marking 할 수 있게 해주시면 좋을 것입니다.

month	Week	Day	Unit	Segment	Check-up
1st Month	1st Week	Monday	1. 과거 진행형	~ Exercise 1	
		Tuesday		Exercise 2 ~ Writing Activity	
		Wednesday		Workbook Unit 1	
		Thursday	2. 과거 진행형의 부정문/의문문	Unit 1 Oral Test ~ Exercise 1	
		Friday		Exercise 2 ~ Writing Activity	
	2nd Week	Monday		Workbook Unit 2	
		Tuesday	3. 비인칭 주어 It	Unit 2 Oral Test ~ Exercise 1	
		Wednesday		Exercise 2 ~ Writing Activity	
		Thursday		Workbook Unit 3	
		Friday	4. 감탄문/부가 의문문	Unit 3 Oral Test ~ Exercise 1	
	3rd Week	Monday		Exercise 2 ~ Writing Activity	
		Tuesday		Workbook Unit 4	
		Wednesday	Progress Test 1		
		Thursday	5. many, much/a lot of, lots of	Unit 4 Oral Test ~ Exercise 1	
		Friday		Exercise 2 ~ Writing Activity	
	4th Week	Monday		Workbook Unit 5	
		Tuesday	6. 의문부사	Unit 5 Oral Test ~ Exercise 1	
		Wednesday		Exercise 2 ~ Writing Activity	
		Thursday		Workbook Unit 6	

2nd Month	1st Week	Friday	7. 수동태	Unit 6 Oral Test ~ Exercise 1	
		Monday		Exercise 2 ~ Writing Activity	
		Tuesday		Workbook Unit 7	
		Wednesday	8. 접속사	Unit 7 Oral Test ~ Exercise 1	
		Thursday		Exercise 2 ~ Writing Activity	
		Friday		Workbook Unit 8	
	2nd Week	Monday	Progress Test 2		
		Tuesday	9. 비교급/ 동등비교	Unit 8 Oral Test ~ Exercise 1	
		Wednesday		Exercise 2 ~ Writing Activity	
		Thursday		Workbook Unit 9	
	3rd Week	Friday	10. 최상급	Unit 9 Oral Test ~ Exercise 1	
		Monday		Exercise 2 ~ Writing Activity	
		Tuesday		Workbook Unit 10	
		Wednesday	11. 조동사	Unit 10 Oral Test ~ Exercise 1	
		Thursday		Exercise 2 ~ Writing Activity	
		Friday		Workbook Unit 11	
	4th Week	Monday	12. How many (much)/very, too/ too many, too much	Unit 11 Oral Test ~ Exercise 1	
		Tuesday		Exercise 2 ~ Writing Activity	
		Wednesday		Workbook Unit 12	
		Thursday	Progress Test 3		
		Friday	Final Test		

Contents

Preface   4~5

Structures & Features   6~7

My Study Planner   8~9

Easy I can Grammar Series 전체 구성   11

unit 01_ 과거 진행형   13

unit 02_ 과거 진행형의 부정문/의문문   23

unit 03_ 비인칭 주어 it   33

unit 04_ 감탄문/부가의문문   43

Progress Test 1   54

unit 05_ many, much/a lot of, lots of   57

unit 06_ 의문부사   67

unit 07_ 수동태   77

unit 08_ 접속사   87

Progress Test 2   98

unit 09_ 비교급/동등비교   101

unit 10_ 최상급   111

unit 11_ 조동사   121

unit 12_ How many(much)/very, too/too many, too much   131

Progress Test 3   142

Final Test   146

정답 및 해설   152

전체 구성

Book 1

Unit 01
명사
Unit 02
부정관사
Unit 03
대명사
Unit 04
Be동사
• Progress Test 1
Unit 05
Be동사의 부정문, 의문문
Unit 06
지시대명사 this/that
Unit 07
지시대명사 these/those
Unit 08
인칭대명사의 격변화
• Progress Test 2
Unit 09
전치사/형용사
Unit 10
There be
Unit 11
의문사
Unit 12
There be 의문문
• Progress Test 3
• Final Test

Book 2

Unit 01
셀 수 있는 명사
Unit 02
셀 수 없는 명사
Unit 03
a/an/the/some
Unit 04
지시대명사/지시형용사
• Progress Test 1
Unit 05
일반동사
Unit 06
일반동사의 부정문
Unit 07
일반동사의 의문문
Unit 08
의문사/빈도부사
• Progress Test 2
Unit 09
대명사 소유격/형용사
Unit 10
some/any/many/much
Unit 11
Be동사의 과거/부정문/의
문문
Unit 12
미래시제
• Progress Test 3
• Final Test

Book 3

Unit 01
일반동사의 과거
Unit 02
일반동사 과거의 부정문/
의문문
Unit 03
현재 진행형
Unit 04
현재 진행형의 부정문/의문문
• Progress Test 1
Unit 05
Be going to/미래를 나타
내는 진행형
Unit 06
형용사/부사
Unit 07
의문대명사/의문형용사
Unit 08
장소와 시간을 나타내는
전치사
• Progress Test 2
Unit 09
형용사와 부사의 비교표현
Unit 10
조동사 can /may
Unit 11
조동사 의문문/정중한 부
탁
Unit 12
명령문/제안문
• Progress Test 3
• Final Test

Book 4

Unit 01
과거 진행형
Unit 02
과거 진행형의 부정문/의
문문
Unit 03
비인칭 주어 it
Unit 04
감탄문/부가의문문
• Progress Test 1
Unit 05
many, much/a lot of,
lots of
Unit 06
의문부사
Unit 07
수동태
Unit 08
접속사
• Progress Test 2
Unit 09
비교급/동등비교
Unit 10
최상급
Unit 11
조동사
Unit 12
How many(much)/very,
too/too many, too much
• Progress Test 3
• Final Test

TARGET WORDS

알고 있는 단어를 check(✓) 후 뜻을 쓰고, 모르는 단어는 조사해 오세요!

☐ badminton	ⓝ _____		☐ take pictures	_____	
☐ cook	ⓥ _____		☐ write	ⓥ _____	
☐ letter	ⓝ _____		☐ draw a picture	_____	
☐ wait for	_____		☐ snow	ⓥ _____	
☐ begin	ⓥ _____		☐ work	ⓥ _____	
☐ hit	ⓥ _____		☐ visit	ⓥ _____	
☐ roller coaster	_____		☐ earth	ⓝ _____	
☐ smoke	ⓥ _____		☐ pool	ⓝ _____	
☐ heavily	ⓐⓓ _____		☐ carpet	ⓝ _____	
☐ good at	_____		☐ wife	ⓝ _____	
☐ project	ⓝ _____		☐ jog	ⓥ _____	
☐ dish	ⓝ _____		☐ scarf	ⓝ _____	

unit 01

과거 진행형이 뭐예요?

과거 진행형은 과거 어떤 동작이 진행, 계속되고 있었음을 나타내요. "어제 10시에 뭐 했니?"라고 물었을 때 "그때 가족들이랑 TV를 보고 있었어"라고 하면 어제라는 과거 10시에 '~하고 있었다(하고 있던 중이었다)'를 나타내는 과거 진행형이 돼요.

It's 4 o'clock. 지금은 4시이다.

Sunny is at home.
Sunny는 집에 있다.

She **is watching** TV now.
그녀는 지금 TV를 보고 있다.

At 2 o'clock she **wasn't** at home.
2시에 그녀는 집에 없었다.

She **was playing** badminton.
그녀는 배드민턴을 치고 있었다.

앞서 배운 현재 진행형과 똑같이 언제나 'be+-ing'의 형태로 만들어요. 대신, 과거의 진행 중인 동작을 나타내므로 주어가 단수이면 'was', 주어가 복수이면 'were'를 써주기만 하면 돼요.

He **was taking** pictures.
그는 사진을 찍고 있었다.

They **were sleeping** at 10 yesterday.
그들은 어제 10시에 자고 있었다.

동사의 현재형 VS 현재 진행형

동사의 현재형은 반복적인 일, 그리고 매일 규칙적으로 하는 행동을 나타내요. 현재 진행형은 지금 현재 눈으로 보고 있는 행동을 표현하는 거예요.

I study English every day.
나는 매일 영어를 공부한다.

Seo-yoon is studying English now.
서윤이는 지금 영어를 공부하고 있다.

> **주의!** study는 현재형으로 어제도, 그저께도, 한 달 전에도, 오늘도, 앞으로도 공부한다는 표현이지만, 현재 진행형은 지금 당장 눈에 보이는 상황을 표현하는 거예요.

동사의 과거형 VS 과거 진행형

과거는 과거에 시작해서 과거에 이미 끝난 일을 말해요. 과거 진행형은 과거에 시작은 했지만 말하는 순간에는 진행 중이던 동작이나 행동을 표현해요.

Jessica played the violin yesterday.
Jessica는 어제 바이올린을 연주했다.

Tiffany was playing the violin.
Tiffany는 바이올린을 연주하고 있었다.

과거 진행형

---

1 과거 진행형이 뭐예요?

과거 진행형은 과거 어느 한 순간에 짧게 ☐ 되고 있었던 동작을 나타내요.

She **was cooking** dinner. 그녀는 저녁을 요리하고 있었다.

Tom **was writing** a letter. Tom은 편지를 쓰고 있었다.

They **were dancing**. 그들은 춤을 추고 있었다.

Mary and Sunny **were singing**. Mary와 Sunny는 노래를 하고 있었다.

He **was drawing** a painting. 그는 그림을 그리고 있었다.

It **was raining**. 비가 오고 있었다.

---

2 과거 진행형은 어떻게 만드나요?

주어가 단수(I, She, He, It, Tom…)이면 '☐ +-ing', 주어가 복수(You, We,

They, Children, Tom and Mary…)일 때는 '☐ +-ing'로 만들어요.

We **were** waiting for a bus. 우리는 버스를 기다리고 있었다.

It **was** snowing. 눈이 오고 있었다.

They **were** playing basketball. 그들은 농구를 하고 있었다.

The children **were** sitting on the bench. 그 아이들은 벤치에 앉아 있었다.

I **was** studying. 나는 공부하고 있었다.

 다음 주어진 동사를 -ing 형태로 바꿔 써 보세요.

(1)

drink ➡ _____

(2)

read ➡ _____

(3)

eat ➡ _____

(4)

rain ➡ _____

(5)

write ➡ _____

(6)

swim ➡ _____

(7)

run ➡ _____

(8)

listen ➡ _____

 주어에 맞게 'be +-ing' 형태의 과거 진행형을 만드세요.

	I			She	
	원형	be +-ing		원형	be +-ing
(1)	see		(2)	write	
(3)	swim		(4)	begin	
(5)	work		(6)	sit	

	He			They	
	원형	be +-ing		원형	be +-ing
(7)	make		(8)	listen	
(9)	come		(10)	have	
(11)	hit		(12)	do	
(13)	stop		(14)	live	
(15)	study		(16)	go	
(17)	visit		(18)	run	

EXercise ③

1 주어진 문장을 주어에 알맞은 be동사를 이용하여 과거 진행형으로 바꿔 써 보세요.

(1)

I eat an apple.

➡ I _____ an apple.

(2)

We have dinner.

➡ We _____ dinner.

(3)

Kevin watches a movie.

➡ Kevin _____

a movie.

(4)

Lisa and Peter ride a roller coaster.

➡ Lisa and Peter _____

a roller coaster.

2 우리말을 잘 읽고 주어진 동사를 현재형 또는 현재 진행형으로 고쳐 써 보세요.

(1) 그녀는 매일 도서관에 걸어간다.

➡ She _____ (walk) to the library every day.

(2) 지구는 태양 주위를 돈다.

➡ The earth _____ (move) around the sun.

(3) 우리는 지금 저녁 식사를 하고 있다.

➡ We _____ (have) dinner now.

(4) 그녀는 지금 기타를 연주하고 있다.

➡ She _____ (play) the guitar now.

Unit 01 Jump Up

1 주어진 과거동사를 과거 진행형으로 바꿔 쓰세요. (yesterday는 at that time으로 바꾸기)

> 보기
>
> I swam in the pool yesterday. ⇒ I was swimming in the pool at that time.

(1) It snowed heavily yesterday.

⇒ _____ .

(2) My daddy vacuumed the carpet yesterday.

⇒ _____ .

(3) We watched TV yesterday.

⇒ _____ .

(4) They washed the car yesterday.

⇒ _____ .

2 다음 글을 읽고 주어진 동사를 현재형 또는 현재 진행형으로 한 번씩만 써서 빈칸을 완성하세요.

(1)

This is my friend Bob. He is very good at tennis. He _____ tennis on Tuesday afternoons. In this picture, he _____ tennis with his wife.

(play)

(2)

Susan is an elementary school student. Her sister usually _____ her with her homework. In this picture, Susan's sister _____ her to finish a science project.

(help)

Unit 01 Writing Activity

1 다음은 Kelly가 어제 한 일입니다. 사진을 보고 과거 진행형으로 문장을 만드세요.

6:00~7:00	8:00~9:00	11:00~12:00	12:00~12:30

jog	eat breakfast	clean her house	wait for a train

보기 At 6:30, <u>she was jogging.</u>

(1) At 8:50, _____ .,

(2) At 11:30, _____ .

(3) At 12:00, _____ .

2 다음 질문에 대하여 현재형 또는 현재 진행형을 구별해서 적절한 대답을 완성하세요.

(1)

（hold / a dish）

What is he doing?

➡ _____ .

(2)

（watch / TV）

What does Bob do in the evening?

➡ _____ .

(3)

（wear / a scarf）

What is she wearing?

➡ _____ .

(4)

（have / orange juice）

What does Mary have for breakfast?

➡ _____ .

1 과거 진행형은 과거 어느 한 순간에 짧게 [ ] 되고 있었던 동작을 나타내요.

2 주어가 단수(I, She, He, It, Tom…)이면 '[ ]+-ing', 주어가 복수(You, We, They, Children, Tom and Mary…)일 때는 '[ ]+-ing'로 만들어요.

REVIEW TARGET WORDS

📷 주어진 단어의 철자/뜻을 쓰세요.

☐ _____	ⓝ 배드민턴	☐ take pictures	_____
☐ _____	ⓥ 요리하다	☐ write	ⓥ _____
☐ _____	ⓝ 편지	☐ draw a picture	_____
☐ _____	~를 기다리다	☐ snow	ⓥ _____
☐ _____	ⓥ 시작하다	☐ work	ⓥ _____
☐ _____	ⓥ 치다, 때리다	☐ visit	ⓥ _____
☐ _____	롤러 코스터	☐ earth	ⓐ _____
☐ _____	ⓥ 담배 피우다	☐ pool	ⓐ _____
☐ _____	ⓐⓓ 몹시, 많이	☐ carpet	ⓐ _____
☐ _____	~를 잘하다	☐ wife	ⓐ _____
☐ _____	ⓝ 자습, 과제	☐ jog	ⓥ _____
☐ _____	ⓝ (큰) 접시	☐ scarf	ⓐ _____

22 ·

unit 02

과거 진행형의 부정문/의문문

TARGET WORDS

알고 있는 단어를 check(✔) 후 뜻을 쓰고, 모르는 단어는 조사해 오세요!

☐ jog	ⓥ _____	☐ library	ⓝ _____
☐ draw	ⓥ _____	☐ magazine	ⓝ _____
☐ wait for	_____	☐ brush	ⓥ _____
☐ clean	ⓥ _____	☐ sea	ⓝ _____
☐ bench	ⓝ _____	☐ Japanese	ⓝ _____
☐ fish	ⓥ _____	☐ river	ⓝ _____
☐ paint	ⓥ _____	☐ fight	ⓥ _____
☐ garden	ⓝ _____	☐ cook	ⓥ _____
☐ learn	ⓥ _____	☐ yoga	ⓝ _____
☐ do the dishes	_____	☐ look for	_____
☐ tea	ⓝ _____	☐ floor	ⓝ _____

unit **02**

과거 진행형의 부정문과
의문문은 어떻게 만들어요?

과거 진행형은 과거 어느 시점에서 계속 진행 중이었던 동작을 나타내요.

I was jogging at six o'clock.
나는 6시에 조깅을 하고 있었다.

I wasn't(＝was not) studying in the library.
나는 도서관에서 공부하고 있지 않았다.

과거 진행형의 부정문을 만들 때는 be동사(was, were) 바로 뒤에 'not'을 붙여주기만
하면 돼요. 우리말 '~하고 있지 않았(었)다'의 뜻이에요. 앞서 배운 것처럼 be동사가 있
는 문장은 모두 'not'만 붙여 부정문을 만든다는 것을 알 수 있어요.

The baby was not sleeping.
그 아기는 자고 있지 않았다.

They were not having dinner.
그들은 저녁을 먹고 있지 않았다.

일상 영어에서는 wasn't(＝was not), weren't(＝were not)처럼 축약해서 많이 사용해요.

과거 진행형의 의문문을 만들 때는 be동사(was, were)를 문장 맨 앞으로 보내고 문장 마지막에 물음표(?)를 써주기만 하면 돼요. 대답은 was, were을 이용해서 답해요.

Jessica **was drawing** a picture.
Jessica는 그림을 그리고 있었다.

Was Jessica **drawing** a picture?
Jessica는 그림을 그리고 있었니?

긍정일 때 ➡ Yes, she **was**. 응, 그래
부정일 때 ➡ No, she **wasn't**. 아니, 그렇지 않아.

Susan and Kelly **were reading** a magazine.
Susan과 Kelly는 잡지책을 읽고 있었다.

Were Susan and Kelly **reading** a magazine?
Susan과 Kelly는 잡지책을 읽고 있었니?

긍정일 때 ➡ Yes, they **were**. 응, 그래
부정일 때 ➡ No, they **weren't**. 아니, 그렇지 않아.

Was Sunny **waiting** for a bus?
Sunny는 버스를 기다리고 있었나요?

➡ No, she **wasn't**. 아니오.

Was Kate **brushing** her teeth?
Kate은 이를 닦고 있었나요?

➡ Yes, she **was**. 네.

과거 진행형의 부정문과 의문문

1 과거 진행형의 부정문은 어떻게 만들어요?

모든 be동사의 부정문처럼 be동사가 있는 과거 진행형도 마찬가지로 be동사(was, were) 바로 뒤에 [   ]을 붙여 부정문을 만들어요. 우리말 '~하고 있지 않았다'의 뜻이에요.

They **weren't doing** their homework. 그들은 숙제를 하고 있지 않았다.
Tiffany **wasn't listening** to the music. Tiffany는 음악을 듣고 있지 않았다.
Bob **wasn't cleaning** his room. Bob은 그의 방을 청소하고 있지 않았다.

2 과거 진행형의 의문문은 어떻게 만들어요?

과거 진행형에 쓰이는 be동사 was와 were를 문장 맨 [   ]으로 보내고 문장 맨 뒤에 물음표(?)를 써주기만 하면 돼요. 우리말 '~하고 있었니?'의 뜻이 돼요.

Was she **talking** with Tom? 그녀는 Tom과 얘기하고 있었니?
Were they **sleeping** at 10:00 yesterday? 그들은 어제 10시에 자고 있었니?
Was Kevin **swimming** in the sea? Kevin은 바다에서 수영하고 있었니?

3 의문문에 대한 대답은 어떻게 해요?

의문문에 사용된 주어를 인칭에 맞는 적절한 [   ]로 바꾸고 was와 were을 그대로 사용해서 대답해요. 긍정일 때는 'Yes, 주어+was(were).' 부정일 때는 'No, 주어+wasn't(weren't).'로 답해요.

Was Jessica **sitting** on the bench? Jessica는 벤치에 앉아 있었니?
긍정일 때 ➡ Yes, **she was**. 응, 그래.
부정일 때 ➡ No, **she wasn't**. 아니, 그렇지 않아.

( ) 안에서 알맞은 것을 고르세요.

(1) I (wasn't / weren't) waiting for a bus.

(2) They (wasn't / weren't) singing.

(3) He (wasn't / weren't) cleaning his shoes.

(4) My mom (wasn't / weren't) sleeping.

(5) She (wasn't / weren't) drinking a cup of water.

(6) Tiffany (wasn't / weren't) driving a car.

(7) Brian (wasn't / weren't) studying Japanese.

(8) Jennifer and Bob (wasn't / weren't) dancing.

(9) (Was / Were) your dad fishing in the river?

(10) (Was / Were) Jeff and Tom watching TV?

(11) (Was / Were) Christina painting the door?

(12) (Was / Were) they fighting in the garden?

(13) (Was / Were) we studying English?

(14) (Was / Were) her dad reading a book?

(15) (Was / Were) they singing?

사진에 맞는 알맞은 동사를 골라 과거 진행형 긍정문이나 부정문을 완성하세요.

| sleep | learn | eat | sit | talk | run |

 보기

She wasn't dancing.
➡ She was running.

(1)

Karen _____ singing.
She _____ on the phone.

(2)

Tiffany _____ studying.
She _____ .

(3)

They _____ cooking.
They _____ ice cream.

(4)

She _____ learning ski.
She _____ yoga.

(5)

The students _____ standing.
They _____ at their desks.

Unit 02

EXercise ③

1 보기 와 같이 주어진 동사와 대답을 이용하여 과거 진행형 의문문을 완성하세요.

> **보기**
>
> (study)
>
> <u>Were they studying?</u>
> ⇒ Yes, they were.

(1)

(swim)

_____ ?

⇒ Yes, he was.

(2)

(drink)

_____ coffee?

⇒ Yes, she was.

(3)

(watch)

_____ a movie?

⇒ Yes, they were.

2 주어진 의문문에 대해 보기 와 같이 대답을 해보세요.

> **보기**   Was she doing her homework?   긍정: <u>Yes,</u> <u>she was.</u>

(1) Were they going to the park?   부정: _____ , _____ .

(2) Was he listening to the music?   긍정: _____ , _____ .

(3) Were Tom and Bob reading a book?   부정: _____ , _____ .

(4) Were they doing the dishes?   긍정: _____ , _____ .

unit 02 Jump Up

1 주어진 문장을 지시대로 바꿔 문장을 다시 쓰세요.

(1) Kathy waited for a train.

(과거 진행 부정문) _____.

(2) They walked in the park.

(과거 진행 부정문) _____.

(3) Peter washed his car.

(과거 진행 의문문) _____? ⟹ Yes, _____.

(5) They rode their bicycles.

(과거 진행 의문문) _____? ⟹ No, _____.

2 보기 와 같이 주어진 표현을 이용하여 물음에 답하세요.

보기

(speak / on the phone)

What was she doing?

⟹ She was speaking on the phone.

(1)

(drink / tea)

What was he doing?

⟹ He _____.

(2)

(play / soccer)

What were they doing?

⟹ They _____.

(3)

(dance)

What was she doing?

⟹ She _____.

Unit 02 Writing Activity

1 다음은 Sunny가 어제 한 일입니다. 사진을 보고 과거 진행형으로 문장을 만드세요.

6:00~7:00	8:00~9:00	11:00~12:00	12:00~12:30
jog	eat breakfast	wash the car	wait for a train

보기
Was she playing the violin at 6:30?
➡ No, she wasn't.
What was she doing?
➡ She was jogging.

(1) Was she reading a book at 12:10?
➡ No, _____.
What was she doing?
➡ _____.

(2) Was she singing at 8:30?
➡ No, _____.
What was she doing?
➡ _____.

(3) Was she dancing at 11:30?
➡ No, _____.
What was she doing?
➡ _____.

2 ( )의 단어들을 이용하여 과거 진행형이 들어간 의문문과 그 대답을 쓰세요.

(1) (Lisa / sleep) _____?
➡ (wash / her hands) No, she wasn't. _____.

(2) (Susan / sing) _____?
➡ (clean / the floor) No, she wasn't. _____.

Oral Test

1 과거 진행형의 부정문은 be동사 was나 were 바로 뒤에 [　　　　　]을 붙여 만들어요.

2 과거 진행형의 의문문은 [　　　] 나 [　　　] 를 문장 맨 앞으로 보내고 물음표(?)를 붙여 만들어요.

REVIEW TARGET WORDS

주어진 단어의 철자/뜻을 쓰세요.

□ jog	ⓥ _____	□ _____	ⓝ 도서관
□ draw	ⓥ _____	□ _____	ⓝ 잡지
□ wait for	_____	□ _____	ⓥ 닦다, 솔질하다
□ clean	ⓥ _____	□ _____	ⓝ 바다
□ bench	ⓝ _____	□ _____	ⓝ 일본어
□ fish	ⓥ _____	□ _____	ⓝ 강
□ paint	ⓥ _____	□ _____	ⓥ 싸우다
□ garden	ⓝ _____	□ _____	ⓥ 요리하다
□ learn	ⓥ _____	□ _____	ⓝ 요가
□ do the dishes	_____	□ _____	~을 찾다, 구하다
□ tea	ⓝ _____	□ _____	ⓝ 방바닥, 마루

unit 03

비인칭 주어 it

그것(It)이
문제로다.

그것(It)이
문제야.

스승님 도대체
그것(It)이
무엇입니까?

난 쇼콜라테스

크크크......

으냥

그것(It)?
그것은 별다른 뜻이
없는 그것이야.

TARGET WORDS

🤖 알고 있는 단어를 check(√) 후 뜻을 쓰고, 모르는 단어는 조사해 오세요!

☐ weather	ⓝ _____	
☐ season	ⓝ _____	
☐ January	ⓝ _____	
☐ July	ⓝ _____	
☐ far	ⓐⓓ _____	
☐ March	ⓝ _____	
☐ rainy	ⓐ _____	
☐ windy	ⓐ _____	
☐ on foot	_____	
☐ February	ⓝ _____	

☐ hot	ⓐ _____	
☐ Wednesday	ⓝ _____	
☐ month	ⓝ _____	
☐ quarter	ⓝ _____	
☐ dark	ⓐ _____	
☐ sunny	ⓐ _____	
☐ stormy	ⓐ _____	
☐ snowy	ⓐ _____	
☐ December	ⓝ _____	
☐ October	ⓝ _____	

unit 03

비인칭 주어 it이 뭐예요?

우리말은 "오늘 날씨가 어떠니?"라고 물으면 "더워(hot)", 또는 "추워(cold)"라고 짧게 말할 수 있어요. 하지만, 한국어와 달리 영어에는 반드시 주어를 쓰자는 규칙이 있어요. 주어에 she, he, I를 넣으면 누구인가라는 의미가 생기므로, 해석을 해도 되고 하지 않아도 되는 대명사 'it'을 주어로 쓰자고 약속을 한거죠.

• 날씨와 계절을 나타낼 때 써요.

How's the weather? (=What's the weather like?)
날씨가 어때?
➡ **It is hot today.** 오늘 더워.

What season is it there?
거기는 무슨 계절이니?
➡ **It's summer.** 여름이야.

• 날짜와 요일, 달(월)을 나타낼 때 써요.

What day is it today?
오늘 무슨 요일이야?
➡ **It's Wednesday.** 수요일이야.

What's the date today?
오늘 며칠이니?
➡ **It's January 10.** 1월 10일이야.

What month is it?
몇 월이니?
➡ **It's July.** 7월이야.

• 시간을 나타낼 때 써요.

What time is it?
몇 시예요?
➡ **It's two.** (= It's two o'clock. = It's two p.m.)
2시입니다.

2:15	It's two fifteen. = It's a quarter past two.
10:35	It's ten thirty-five. = It's twenty-five to eleven.

※ a.m = ante meridiem(=before noon)
  p.m = post meridiem(=between noon and midnight)

  1986: nineteen eighty-six
  1820: eighteen twenty

  2007: two thousand and seven
  2000년 이후: since 2000

• 거리와 명암을 나타낼 때 써요.

How far is the post office?
우체국까지 얼마나 머니?
➡ **It's 5 miles.** 5마일이야.

How far is it from here to your school?
여기서 너의 학교까지 얼마나 머니?
➡ **It's one hour by subway.** 지하철로 1시간 걸려.

How dark is the room?
그 방은 얼마나 어둡니?
➡ **It's so dark here.** 여긴 너무 어두워.

※ 시간을 묻는 다른 표현
  What's the time? = What time do you have? = Do you have the time? 몇 시니?
  cf. Do you have time? 시간 있으세요? (몇 시인지를 물어보는 표현과 달라요.)

비인칭 주어 it

---

1 비인칭 주어 it이 뭐예요?

영어에서는 "몇 시니?", "날씨가 어때?"처럼 날씨나 시간, 날짜 등을 물어볼 때에는 반드시 주어를 쓰자는 약속 때문에 큰 의미가 없는 대명사 It을 주어로 써요. '그것' 이란 말을 붙여도 돼고, 해석하지 않아도 돼요.

2 비인칭 주어 it은 언제 쓰는건가요?

1 [   ]를 나타낼 때 써요.

How's the weather in the winter in Korea? 한국은 겨울에 날씨가 어때?
➡ **It** snows a lot in the winter in Korea. 한국은 겨울에 눈이 많이 와.

2 [   ]을 나타낼 때 써요.

What season is it?   ➡   It's summer.
무슨 계절이니?   여름이야.

3 [   ]을 나타낼 때 써요.

What time is it now?   ➡   It's 3:30.
지금 몇 시니?   3시 30분이야.

4 [   ]을 나타낼 때 써요.

What's the day today?   ➡   It's Saturday.
오늘이 무슨 요일이니?   토요일이야.

5 [   ]를 나타낼 때 써요.

What's the date today?   ➡   It's March 16th.
오늘이 며칠이니?   3월 16일이야.

사진에 맞는 알맞은 단어를 골라 비인칭 주어 it을 사용하여 문장을 완성하세요.

| windy | rainy | snowy | sunny | stormy | hot |

 보기

It is sunny.

(1)

_____.

(2)

_____.

(3)

_____.

(4)

_____.

(5)

_____.

1 주어진 문장에서 비인칭 주어에는 '비인칭', 대명사 주어에는 '대명사'라고 쓰세요.

(1) It's rainy today.   ➡ _____

(2) It is a book.   ➡ _____

(3) It's Friday.   ➡ _____

(4) It's eight twenty five.   ➡ _____

(5) It's March 15.   ➡ _____

(6) We can walk home. It isn't far. ➡ _____

(7) It's my bicycle.   ➡ _____

(8) It takes 3 hours.   ➡ _____

(9) It is very expensive.   ➡ _____

2 질문에 대한 알맞은 대답을 골라 쓰세요.

| It's Sunday. | It's five fifteen. | |
| It's January. | It's 2010. | It's spring here. |

(1) What time is it?   ➡ _____.

(2) What day is it today?   ➡ _____.

(3) What year is it?   ➡ _____.

(4) What month is it?   ➡ _____.

(5) What season is it?   ➡ _____.

 주어진 시계를 보고 알맞은 시간을 고르세요.

(1)

① It's three forty-five.
② It's three forty.

(2)

① It's ten fifteen.
② It's five to two.

(3)

① It's a quarter past three.
② It's twenty past three.

(4)

① It's half past seven.
② It's seven twenty.

(5)

① It's five fifteen.
② It's a quarter past six.

Unit 03 Jump Up

1 대답에 알맞은 질문이 되도록 (   ) 안의 표현을 골라 대화를 완성하세요.

(1) What (day / year) is it?

➡ It's Tuesday.

(2) What (day / time) do you have?

➡ It's ten o'clock.

(3) (How's / What's) the weather like?

➡ It's cold today.

(4) What's the (time / date) today?

➡ It's March 15.

(5) (How far / What far) is it from here to the library?

➡ It's 30 minutes on foot.

2 주어진 우리말과 같도록 빈칸을 완성하세요.

(1) 무슨 계절이니?

➡ _____ _____ is it?

(2) 지금 몇 시예요?

➡ _____ _____ is it now?

(3) 공원에서 학교까지 얼마나 머니?

➡ _____ _____ is it from the park to the school?

(4) 몇 년도이니?

➡ _____ _____ is it?

(5) 몇 월이니?

➡ _____ _____ is it?

Unit 03 Writing Activity

1 비인칭 주어 it을 사용하여 주어진 질문에 답을 하세요.

(1) What month is it?
➡ (September) _____.

(2) What year is it?
➡ (2010) _____.

(3) What day is it?
➡ (Monday) _____.

(4) What's the date today?
➡ (Septembr 10th) _____.

2 보기 와 같이 질문과 대답을 완성하세요.

(your birthday / September 15)

When is your birthday?
➡ It's on September 15.

(1)

(Christmas / December 25)

_____?
➡ _____.

(2)

(Valentine's Day / February 14th)

_____?
➡ _____.

(3)

(Halloween / October 31st)

_____?
➡ _____.

Oral Test

1 날씨, 계절, 시간, 요일 등을 나타낼 때 쓰는 주어 it을 [   ] it이라고 불러요.

2 시간을 물을 때는 What [   ] is it?으로 물어봐요.

3 날씨를 물을 때는 [   ] is the weather? 또는 [   ] is the weather like?로 물어봐요.

4 요일을 물을 때는 What [   ] is it today?로 물어봐요.

5 날짜를 물을 때는 [   ] is the date today?로 물어봐요.

6 계절을 물을 때는 What [   ] is it?으로 물어봐요.

7 거리는 [   ] [   ] does it take ~? 또는 [   ] [   ] is it from ~?으로 물어봐요.

REVIEW **TARGET** WORDS

주어진 단어의 철자/뜻을 쓰세요.

☐ _____	ⓝ 날씨	☐ hot ⓐ _____
☐ _____	ⓝ 계절	☐ Wednesday ⓝ _____
☐ _____	ⓝ 1월	☐ month ⓝ _____
☐ _____	ⓝ 7월	☐ quarter ⓝ _____
☐ _____	ⓐⓓ 멀리	☐ dark ⓐ _____
☐ _____	ⓝ 3월	☐ sunny ⓐ _____
☐ _____	ⓐ 비가 오는	☐ stormy ⓐ _____
☐ _____	ⓐ 바람이 센	☐ snowy ⓐ _____
☐ _____	걸어서, 도보로	☐ December ⓝ _____
☐ _____	ⓝ 2월	☐ October ⓝ _____

unit 04

감탄문/부가의문문

와! 정말 예쁜 여자구나!

재는 분명히 성형 수술 했을 거야, 그렇지 않니? 우리처럼 자연산이 좋은거야.

흥!!

맞아!맞아!

TARGET WORDS

알고 있는 단어를 check(✓) 후 뜻을 쓰고, 모르는 단어는 조사해 오세요!

☐ puppy	ⓝ _____		☐ cute	ⓐ _____
☐ hospital	ⓝ _____		☐ exciting	ⓐ _____
☐ hungry	ⓐ _____		☐ nurse	ⓝ _____
☐ funny	ⓐ _____		☐ musician	ⓝ _____
☐ old	ⓐ _____		☐ idea	ⓝ _____
☐ interesting	ⓐ _____		☐ rose	ⓝ _____
☐ dirty	ⓐ _____		☐ delicious	ⓐ _____
☐ sad	ⓐ _____		☐ rich	ⓐ _____
☐ trust	ⓥ _____		☐ cheap	ⓐ _____
☐ laptop	ⓝ _____		☐ lazy	ⓐ _____
☐ diligent	ⓐ _____		☐ farmer	ⓝ _____

감탄문과 부가의문문이 뭐예요?

감탄문은 말 그대로 입이 쩍 벌어지도록 감탄하는 말이에요. 우리말 '와, 정말 ~하다' 라는 뜻이에요. 문장 뒤에 느낌표(!)를 붙여요.

What a cute **puppy!** 정말 귀여운 강아지구나!

How beautiful! 정말 아름답다!

What으로 시작하는 감탄문은 'What+(a/an)+형용사+명사+주어+동사(생략 가능)' 의 순서로 만들어요. 주어와 동사 뒤에 명사가 보이면 무조건 What 감탄문으로 바꿔요.

(This is) / a very nice **car**. (명사 car 발견 ➡ very를 What으로)

What a nice car (this is)! 정말 멋진 자동차구나!

How로 시작하는 감탄문은 'How+형용사(부사)+주어+동사(생략 가능)'의 순서로 만들어요. 주어와 동사 뒤에 명사가 보이지 않으면 무조건 How 감탄문으로 만들어요.

(She is) / very pretty. (명사가 없음 ➡ very를 How로)

How pretty (she is)! 그녀는 정말 예쁘구나!

부가의문문이란 상대방에게 어떤 사실을 확인하거나 동의를 구할 때 문장 뒤에 '그렇지?', '그렇지 않니?',라고 덧붙여서 확인 차 다시 물어보는 말이에요.

They are doctors, **aren't they**?
그들은 의사이다, 그렇지 않니?

They work at the houspital, I **don't they**?
그들은 병원에서 일해, 그렇지 않니?

이제 부가의문문을 만들어 볼까요? 부가의문문은 청개구리라고 생각하면 간단해요. 즉, 앞이 긍정문이면 뒤는 부정의 의문문으로, 앞이 부정문이면 뒤에는 긍정의 의문문으로 만드는 거예요.

They are students, **aren't they**?
그들은 학생이야, 그렇지 않니?

They aren't teachers, **are they**?
그들은 선생님이 아니야, 그렇지?

Tiffany can play the piano, **can't she**?
Tiffany는 피아노를 연주할 수 있어, 그렇지 않니?

Tiffany can't play the guitar, **can she**?
Tiffany는 기타를 연주할 수 없어, 그렇지?

 주의! 주어가 명사(Tiffany)일 때, 부가의문문에서는 적절한 '인칭 대명사'로 바꿔 주기만 하면 돼요. be동사와 조동사는 있는 그대로 사용하면 되지만, 일반동사의 현재형일 때는 do(does), 과거일 때는 did의 도움을 받아 부가의문문을 만들어요.

Sunny likes soccer, **doesn't she**?
Sunny는 축구를 좋아해, 그렇지 않니?

Sunny doesn't like baseball, **does she**?
Sunny는 야구를 좋아하지 않아, 그렇지?

감탄문과 부가의문문

1 감탄문이 뭐예요?

우리말 '정말 ~하구나'처럼 놀람, 기쁨 등의 감정을 입이 쩍 벌어지게 감탄하며 표현하는 거예요.

2 감탄문은 어떻게 만들어요?

문장의 주어, 동사 뒤에 명사가 있을 때는 '[   ]+(a/an)+형용사+명사+

주어+동사' 감탄문으로 만들고, 명사가 없을 때는 '[   ]+형용사(부사)+

주어+동사' 감탄문으로 만들어요.

The game is exciting.
그 게임은 재미있다.

➡ **How exciting** the game is!
정말 재미있구나!

It is a hungry tiger.
그것은 배고픈 호랑이이다.

➡ **What a hungry tiger** it is!
정말 배고픈 호랑이구나!

3 부가의문문은 어떻게 만들어요?

이미 서로 알만한 일이나 내용을 상대방에게 확인하듯 되묻는 것을 부가의문문이라고 해요.

1 앞 문장이 긍정문이면 뒤에는 [   ]의 의문문으로 만들어요.

She is a nurse, **isn't she**? 그녀는 간호사야, 그렇지 않니?
Bob bought some books, **didn't he**? Bob은 몇 권의 책을 샀어, 그렇지?

2 앞 문장이 부정문이면 뒤에는 [   ]의 의문문으로 만들어요.

Kelly doesn't speak Korean, **does she**? Kelly는 한국어를 못 해, 그렇지?
Bob doesn't dance well, **does he**? Bob은 춤을 잘 못 춰, 그렇지?
Jessica can't play the violin, **can she**? Jessica는 바이올린을 연주할 수 없어, 그렇지?
She didn't love Kevin, **did she**? 그녀는 Kevin을 사랑하지 않았어, 그렇지?

1 What 또는 How를 넣어 감탄문을 완성하세요.

(1)

_____ a good singer!

(2)

_____ funny she is!

(3)

_____ hungry she is!

(4)

_____ small shoes these are!

2 주어진 문장에 어울리는 부가의문문을 ( ) 안에서 고르세요.

(1) He is a musician, (isn't he / is he)?

(2) You were a doctor, (wasn't you / weren't you)?

(3) Bob goes to school, (does he / doesn't he)?

(4) They don't have much money, (do they / don't they)?

(5) Sunny ate three apples, (didn't she / doesn't she)?

(6) She doesn't have a puppy, (does she / doesn't she)?

1 주어진 문장을 What을 이용한 감탄문으로 바꾸세요.

(1) It is a very old toy.

➡ _____!

(2) She is a very beautiful girl.

➡ _____!

(3) It is a very good idea.

➡ _____!

(4) They are very beautiful roses.

➡ _____!

(5) This is a very interesting book.

➡ _____!

2 빈칸에 알맞은 부가의문문을 쓰세요.

(1)

They are high school students,

_____?

(2)

Tiffany likes music,

_____?

(3)

She doesn't love him,

_____?

(4)

You can speak Korean,

_____?

EXercise ③

1 주어진 문장을 How를 이용한 감탄문으로 바꾸세요.

(1) She is very kind.

➡ _____ !

(2) They are very old.

➡ _____ !

(3) His feet are very dirty.

➡ _____ !

(4) This cake is very delicious.

➡ _____ !

(5) The baby is very cute.

➡ _____ !

2 부가의문문을 만들 때, 빈칸에 알맞은 대명사를 쓰세요.

(1) My mom is a very beautiful, isn't _____?

(2) Jessica was very rich, wasn't _____?

(3) Kelly and Lisa have lunch at 12:00, don't _____?

(4) Kevin likes basketball, doesn't _____?

(5) Tiffany doesn't love you, does _____?

Unit 04 Jump Up

1 밑줄 친 부분을 감탄문으로 바꿔 쓰세요. (주어, 동사는 생략하기)

(1) That is a <u>very nice car</u>.

➡ _____ !

(2) She is a <u>very kind nurse</u>.

➡ _____ !

(3) This laptop is <u>very cheap</u>.

➡ _____ !

(4) She is <u>very lazy</u>.

➡ _____ !

2 우리말과 뜻이 같도록 ( ) 안의 말을 이용하여 문장을 완성하세요.

(1) 당신은 담배를 안 피우시죠? 그렇죠?

➡ (smoke) _____ ?

(2) Sunny는 운전을 못하죠? 그렇죠?

➡ (drive / can) _____ ?

(3) 서윤이는 영어를 할 줄 알지? 그렇지 않니?

➡ (speak English / can) Seo-Yoon _____ ?

Unit 04 Writing Activity

1 주어진 문장을 부가의문문을 이용한 문장으로 다시 써 보세요.

(1) Is he sometimes late for school?

➡ _____ ?

(2) Can Tom play the guitar?

➡ _____ ?

(3) Didn't she like Peter?

➡ _____ ?

(4) Doesn't Kelly drink coffee?

➡ _____ ?

(5) Do they like hamburgers?

➡ _____ ?

2 (   ) 안의 단어를 이용하여 How 또는 What을 이용한 감탄문으로 완성하세요.

(1)

(beautiful / her eyes)

➡ _____ !

(2)

(she / long hair / has)

➡ _____ !

(3)

(exciting / game / it)

➡ _____ !

(4)

(the farmer / diligent)

➡ _____ !

Unit 04 · Oral Test

1 문장의 주어, 동사 뒤에 명사가 있을 때는 '⬚ + (a/an) + 형용사 + 명사 + 주어 + 동사'를 활용해 감탄문으로 만들고, 명사가 없을 때는 '⬚ + 형용사(부사) + 주어 + 동사'를 활용해 감탄문으로 만들어요.

2 부가의문문을 만들 때, 앞 문장이 긍정문이면 뒤에는 ⬚의 의문문으로 만들고, 앞 문장이 부정문이면 뒤에는 ⬚의 의문문으로 만들어요.

REVIEW TARGET WORDS

📷 주어진 단어의 철자/뜻을 쓰세요.

☐ puppy	ⓝ _____	☐ _____	ⓐ 귀여운
☐ hospital	ⓝ _____	☐ _____	ⓐ 흥미진진한, 재미있는
☐ hungry	ⓐ _____	☐ _____	ⓝ 간호사
☐ funny	ⓐ _____	☐ _____	ⓝ 음악가
☐ old	ⓐ _____	☐ _____	ⓝ 생각
☐ interesting	ⓐ _____	☐ _____	ⓝ 장미
☐ dirty	ⓐ _____	☐ _____	ⓐ 맛있는
☐ sad	ⓐ _____	☐ _____	ⓐ 부유한
☐ trust	ⓥ _____	☐ _____	ⓐ (값) 싼
☐ laptop	ⓝ _____	☐ _____	ⓐ 게으른
☐ diligent	ⓐ _____	☐ _____	ⓝ 농부

Progress Test ①

🎈 주어진 문장을 주어에 알맞은 be동사를 이용하여 과거 진행형으로 바꿔 써 보세요. **1~4**

1

Karen ate an apple.

➡ _____ .

2

They had dinner.

➡ _____ .

3

Bob swam in the pool.

➡ _____ .

4

Kevin watched TV.

➡ _____ .

🎈 ( ) 안에서 알맞은 것을 골라 대화를 완성하세요. **5~8**

5 What (day / date) is it?

➡ It's Saturday.

6 How (far / long) is the gas station?

➡ It's 3 miles.

7 What (month / year) is it?

➡ It's 2011.

8 (What far / How far) is it take from here to your home?

➡ It takes 30 minutes on foot.

 사진과 일치하도록 주어진 질문에 대한 알맞은 대답을 써 보세요. 9~12

9

Was she playing the piano?

➡ _____ , _____ .

10

Were they listening to music?

➡ _____ , _____ .

11

Was Sunny eating the apple?

➡ _____ , _____ .

12

Was Wilson speaking on the phone?

➡ _____ , _____ .

 과거 진행형을 이용하여 사진에 알맞는 의문문과 그 대답을 쓰세요. 13~14

13

(your mom / play / the piano)

_____ ?

➡ No, she wasn't. (the violin)

_____ .

14

(Bob / read / a magazine)

_____ ?

➡ No, he wasn't. (a newspaper)

_____ .

빈칸에 알맞은 부가의문문을 쓰세요. 15~17

15 She is a nurse, _____?

16 Maria bought a bicycle, _____?

17 Minsu can't speak English, _____?

주어진 문장을 감탄문으로 고쳐 다시 쓰세요. 18~20

18 They are beautiful roses.
➡ _____!

19 The dentist is kind.
➡ _____!

20 This is a nice car.
➡ _____!

unit 05

many, much/a lot of, lots of

알고 있는 단어를 check(✓) 후 뜻을 쓰고, 모르는 단어는 조사해 오세요!

☐ drink	ⓥ _____		☐ food	ⓝ _____
☐ leaves	ⓝ _____		☐ bread	ⓝ _____
☐ problem	ⓝ _____		☐ tea	ⓝ _____
☐ ant	ⓝ _____		☐ toy	ⓝ _____
☐ sugar	ⓝ _____		☐ information	ⓝ _____
☐ policeman	ⓝ _____		☐ fail	ⓥ _____
☐ exam	ⓝ _____		☐ thief	ⓝ _____
☐ catch	ⓥ _____		☐ travel	ⓥ _____
☐ country	ⓝ _____		☐ put	ⓥ _____
☐ refrigerator	ⓝ _____		☐ meat	ⓝ _____
☐ panda	ⓝ _____		☐ bottle	ⓝ _____

many는 두 개, 세 개, 열 개… 이렇게 정확한 수를 알 수는 없지만 막연히 '많은'의 뜻을 나타내요. many 뒤에는 언제나 셀 수 있는 명사(복수명사)를 써요.

many eggs

not **many** eggs

much도 막연히 '많은'의 뜻을 나타내요. 단, much는 셀 수 없는 명사와 함께 써요. 셀 수 없는 명사는 그 양이 아무리 많아도 단수 취급해야 해요.

much money

not **much** money

주의!

She has **many** books.
그녀는 많은 책을 가지고 있다.
She has many **a book**. (X)
She has **much** books. (X)

Tiffany drinks **much** milk.
Tiffany는 우유를 많이 마신다.
Tiffany drinks much milk**s**. (X)
Tiffany drinks **many** milk. (X)

a lot of 또는 lots of는 우리말 '많은'의 뜻으로 셀 수 있는 명사, 셀 수 없는 명사 앞에 모두 쓸 수 있어요. 셀 수 없는 명사 앞에 쓸 때 명사는 언제나 단수 취급하고 동사도 제아무리 그 양이 많아도 단수동사를 써야 해요.

There **is a lot of** (=much) *snow*.
눈이 많이 있다.

There **are a lot of** (=many) *trees*.
나무들이 많이 있다.

many와 a lot of(=lots of)는 긍정문, 부정문, 의문문에 모두 사용하지만, much는 긍정문에 잘 사용하지 않고 주로 부정문과 의문문에 써요.

Do you drink **much** *coffee*?
커피를 많이 마시나요? (의문문)

I don't drink **much** *coffee*.
나는 커피를 많이 마시지 않는다. (부정문)

Do you have **many**(= a lot of) *friends*?
너희들은 친구가 많니? (의문문)

We have **many**(= a lot of) *friends*.
우리는 친구가 많다. (긍정문)

We don't have **many**(=a lot of) *friends*.
우리는 친구가 많지 않다. (부정문)

Unit **05**

many, much와
a lot of, lots of

1 many와 much가 뭐예요?

정확한 수나 양을 알 수 없고 막연히 많음을 나타내는 형용사예요. 수의 많음을 말할 때는 [   ]를 쓰고, 양의 많음을 말할 때는 [   ]를 써요.

2 many와 much는 **어떻게 구별**해서 쓰는 거예요?

many는 반드시 뒤에 책(book), 연필(pencil), 사람(people) 등 [   ]를 쓰고, much는 반드시 뒤에 돈(money), 눈(snow), 비(rain) 등 [   ]를 써요.

Did you buy **much** *food*?
음식을 많이 샀니?

I don't have **much** *money*.
나는 돈이 많지 않다.

Did you buy **many** *books*?
책을 많이 샀니?

I don't have **many** *pencils*.
나는 많은 연필을 갖고 있지 않다.

3 a lot of와 lots of는 어떨때 사용하는 거예요?

둘 다 '많은'의 뜻으로 [   ]명사, [   ]명사 앞에 모두 쓸 수 있어요. many와 a lof of(=lots of)는 긍정문, 부정문, 의문문에 모두 쓰지만, much는 주로 [   ]과 [   ]에 써요.

She doesn't drink **much** water.
그녀는 물을 많이 마시지 않는다.

There are **lots of** books in the library.
도서관에 많은 책이 있다.

He drinks **a lot of** water.
그는 물을 많이 마신다.

Do you have **many** oranges?
너는 오렌지를 많이 가지고 있니?

주어진 명사 앞에 many 또는 much를 써 보세요.

(1)

_____ money

(2)
_____ boxes

(3)
_____ leaves

(4)

_____ water

(5)

_____ eggs

(6)

_____ food

(7)

_____ bread

(8)

_____ cars

(9)

_____ ice cream

 ( ) 안에서 알맞은 것을 고르세요.

(1)

Tom has (much / many) problems.

(2)

Wilson doesn't drink (many / much) coffee.

(3)

Nancy has (many / a lot of) homework.

(4)

I don't have (many / much) books.

(5)

Hurry up! We don't have (many / much) time.

(6)

We have (lots of / many) snow.

(7)

They drink (many / much) tea.

(8)

There are (much / a lot of) bees.

EXercise ③

1 ( ) 안에서 알맞은 것을 고르세요.

(1) I have a lot of (toy / toys).

(2) (Is / Are) there much rain in Paris?

(3) Did you buy much (food / foods)?

(4) She doesn't eat much (sugar / sugars).

(5) We don't get a lot of (informations / information).

(6) There are lots of (person / people) in the park.

(7) Did many (student / students) fail the exam?

(8) We bought a lot of (book / books).

(9) The policeman catches a lot of (thief / thieves).

(10) We saw lots of (animals/ animal) in the zoo.

2 빈칸에 many 또는 much 중 올바른 것을 쓰세요.

(1) Does she have _____ friends?

(2) I don't travel _____ countries in the world.

(3) Sunny doesn't bake _____ bread.

(4) Wilson doesn't have _____ money.

(5) There aren't _____ hotels in this town.

(6) Were there _____ people on the train?

Unit 05 Jump Up

 보기에 주어진 단어를 이용하여 many 또는 much를 포함한 문장을 완성하세요.

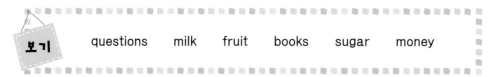

보기   questions   milk   fruit   books   sugar   money

(1)

I don't read very much. I don't have

_____.

(2)

I don't have _____.

(3)

Nancy doesn't put _____ in her coffee.

(4)

Is there _____ in the refrigerator?

(5)

I have _____ to ask you.

(6)

Do you usually buy

_____ at the market?

Unit 05 Writing Activity

1 주어진 문장에서 a lot of를 many 또는 much로 바꿔 다시 쓰세요.

(1) Jennifer doesn't eat <u>a lot of</u> meat.

   ➡ _____ .

(2) Do you drink <u>a lot of</u> green tea?

   ➡ _____ ?

(3) It was a cold winter. We had <u>a lot of</u> snow.

   ➡ _____ .

(4) Did you see <u>a lot of</u> pandas in the zoo?

   ➡ _____ ?

(5) We visited <u>a lot of</u> cities in Korea.

   ➡ _____ .

2 다음 문장을 보기 와 같이 not~many 또는 not~much를 이용하여 부정문으로 바꿔 쓰세요.

> **보기**
> 나의 오빠는 거의 책을 읽지 않는다.   (나의 오빠는 책을 많이 읽지 않는다.)
> My brother reads few books. ➡ My brother doesn't read many books.

(1) 길에는 눈이 거의 없다.   (길에는 눈이 많지 않다.)

   There is little snow in the street. ➡ _____ .

(2) 엄마는 요리에 소금을 거의 사용하지 않는다.   (엄마는 요리에 소금을 많이 사용하지 않는다.)

   My mom uses little salt for cooking. ➡ _____ .

(3) 그는 친구가 거의 없다.   (그는 친구가 많지 않다.)

   He has few friends. ➡ _____ .

Oral Test

1 어떤 수가 많음을 나타낼 때는 [   ]를 쓰고, 어떤 양이 막연히 많음을 나타낼 때는 [   ]를 써요.

2 셀 수 있는 명사 앞에는 반드시 [   ]를 쓰고, 셀 수 없는 명사 앞에는 반드시 [   ]를 써야 해요.

3 much와 함께 쓰인 명사는 아무리 그 양이 많아도 동사는 반드시 [   ]동사를 써야 해요.

4 셀 수 있는 명사와 셀 수 없는 명사 앞에 구분 없이 모두 쓸 수 있는 것이 바로 [   ]와 [   ]이에요.

5 many와 a lof of (= lots of)는 긍정문, 부정문, 의문문에 모두 쓰지만, much는 주로 [   ]과 [   ]에 써요.

REVIEW TARGET WORDS

🗒️ 주어진 단어의 철자/뜻을 쓰세요.

☐ _____	ⓥ 마시다	☐ food	ⓝ _____
☐ _____	ⓝ leaf(나뭇잎)의 복수	☐ bread	ⓝ _____
☐ _____	ⓝ 문제	☐ tea	ⓝ _____
☐ _____	ⓝ 개미	☐ toy	ⓝ _____
☐ _____	ⓝ 설탕	☐ information	ⓝ _____
☐ _____	ⓝ 경찰관	☐ fail	ⓥ _____
☐ _____	ⓝ 시험	☐ thief	ⓝ _____
☐ _____	ⓥ 붙잡다	☐ travel	ⓥ _____
☐ _____	ⓝ 나라, 국가	☐ put	ⓥ _____
☐ _____	ⓝ 냉장고	☐ meat	ⓝ _____
☐ _____	ⓝ (동물) 판다	☐ bottle	ⓝ _____

unit 06

의문부사

TARGET WORDS

🐵 알고 있는 단어를 check(✓) 후 뜻을 쓰고, 모르는 단어는 조사해 오세요!

☐ stay	ⓥ _____	☐ bridge	ⓝ _____
☐ airport	ⓝ _____	☐ go shopping	_____
☐ buy	ⓥ _____	☐ need	ⓥ _____
☐ use	ⓥ _____	☐ sugar	ⓝ _____
☐ city	ⓝ _____	☐ uncle	ⓝ _____
☐ ruler	ⓝ _____	☐ go fishing	_____
☐ river	ⓝ _____	☐ sing	ⓥ _____
☐ vacation	ⓝ _____	☐ brush	ⓥ _____
☐ teeth	ⓝ _____		

의문부사가 뭐예요?

의문부사는 문장에서 부사 역할을 하는 의문사를 말해요. 앞서 배운 when, where, why, how가 대표적인 의문부사예요. 여기서 how를 이용한 다양한 의문부사를 집중적으로 공부해 보기로 해요. 'How many+셀 수 있는 명사 ~?'와 'How much+셀 수 없는 명사 ~?'는 둘 다 어떤 수나 양이 '얼마나 많은지'를 물어보는 말이에요. How many는 반드시 셀 수 있는 명사와 쓰고, How much는 반드시 셀 수 없는 명사와 함께 써요.

How many books do you have?
얼마나 많은 책을 가지고 있니?

How much milk do you drink?
얼마나 많은 우유를 마시니?

주의!
가격을 물어볼 때는 How much를 써요. 주어가 단수이면 is, 복수이면 are를 써요.
How much is this MP3 player?　　　**How much** are these shoes?

How와 만나면 아주 잘 나가는 표현들

❶ How long ~? 얼마나 긴 ~? (길이) / 얼마나 오래 ~? (기간)

How long is that bridge? (길이) 저 다리가 얼마나 긴가요?
➡ (It's) 10 kilometers long. 10킬로미터예요.

How long are you going to stay here? (기간) 여기에 얼마나 머무를 예정인가요?
➡ (We're going to stay here for) Three days. 3일이요.

❷ How far ~? 얼마나 먼 ~? (거리)

How far is the airport from here?
여기에서 공항이 얼마나 머니?

➡ (It's) **About 5 kilometers.**
5킬로미터 정도예요.

❸ How tall ~? 얼마나 높은 ~? (높이) / 얼마나 큰 ~? (키)

How tall is the Seoul Tower? (높이)
서울타워의 높이가 얼마나 되니?

➡ (It's) **236 meters.**
236미터야.

How tall is Sunny? (키)
Sunny의 키가 얼마나 되니?

➡ (She is) **170 centimeters tall.**
170센티미터야.

❹ How old ~? 얼마나 나이 든 ~? (나이) / 얼마나 오래된 ~? (연수)

How old is your mother?
네 엄마는 몇 살이니?

➡ (She's) **45 years old.**
엄마는 45살이야.

❺ How often ~? 얼마나 자주 ~? (횟수, 빈도)

How often do you go shopping?
얼마나 자주 쇼핑을 가니?

➡ (I go shopping) **Everyday.**
매일요.

의문부사

1 How many와 How much는 언제 쓰는 거예요?

How many와 How much는 '얼마나 많은'의 뜻으로 어떤 수의 많음을 물어볼 때는

[   ]를 쓰고, 어떤 양의 많음을 물어볼 때는 [   ]를 써요.

2 How many, How much 둘 다 같은 뜻이면 아무 때나 쓰면 되나요?

How many 뒤에는 [   ] 명사를 쓰고,

How much 뒤에는 [   ] 명사를 써야 해요.

가격을 물어볼 때는 [   ]를 써요.

How many books did you buy? 얼마나 많은 책을 샀니?
How much milk do you drink? 얼마나 많은 우유를 마시니?
How much is this? 이것은 얼마예요?

3 How를 이용한 의문부사는 어떤 것들이 있나요?

사람의 키나 높이를 물을 때는 [   ], 길이나 기간을 물을 때는

[   ], 나이를 물을 때는 [   ], 거리가 얼마나 되는지를 물

을 때는 [   ], 얼마나 자주인지 횟수를 물을 때는 [   ]을

써서 의문문을 만들어요.

How long is the fish? ➡ It's 30 centimeters long.
그 물고기 길이가 얼마나 돼요?   30센티미터입니다.

How tall is she? ➡ She is 160 centimeters tall.
그녀의 키가 얼마나 되니?   160센티미터야.

How often do you use your car? ➡ Every day.
얼마나 자주 차를 사용하나요?   매일.

How old is your dad? ➡ He's 50 years old.
너의 아빠는 몇 살이셔?   50살이야.

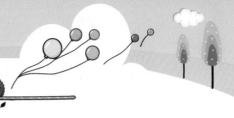

Unit 06
Exercise ①

 ( ) 안에서 알맞은 것을 고르세요.

(1)

How (many / much) apples do you want?

(2)

How (many / much) friends do you have?

(3)

How (many / much) sugar do you need?

(4)

How (many / much) money does Lisa want?

(5)

How (many / much) bread do they eat?

(6)

How (many / much) water do you drink?

(7)

How (many / much) cities do you visit?

(8)

How (many / much) pencils does he have?

1 ( ) 안에서 알맞은 것을 고르세요.

(1) How (tall / old) are you? ➡ I'm 170 centimeters tall.

(2) How (far / old) is your uncle? ➡ He's 30 years old.

(3) How (often / long) is this ruler? ➡ It's 30 centimeters long.

(4) How (old / far) is it from here. ➡ About 16 kilometers.

(5) How (much / often) do you go fishing? ➡ Once a week.

2 주어진 문장을 보기 와 같이 의문부사를 활용한 의문문으로 만들어 보세요.

보기　Your father is old. + How ➡ How old is your father?

(1) Your brother is tall.　+ How ➡ _____ ?

(2) The river is long.　+ How ➡ _____ ?

(3) It is far.　+ How ➡ _____ ?

(4) The movie is long.　+ How ➡ _____ ?

(5) The bus stop is far from here.　+ How ➡ _____ ?

(6) You go to the movies often.　+ How ➡ _____ ?

Unit 06

EXercise ③

 보기와 같이 'many + 명사' 또는 'much + 명사'를 써서 문장을 완성하세요.

보기

(car) How <u>many cars</u> does she have?

(1)

(food) How _____ does she want?

(2)

(rice) How _____ do you need?

(3)

(girl) How _____ sing together?

(4)

(egg) How _____ do they cook?

(5)

(cheese) How _____ do you eat?

1 보기 의 단어를 이용하여 How+의문 부사를 활용한 의문문을 만들어 보세요.

> 보기   high   old   tall   far   often   long

(1) _____ are you? ➡ I'm 175 centimeters tall.

(2) _____ is your mom? ➡ She's 50.

(3) _____ is it from here to your home? ➡ About 15 kilometers.

(4) _____ is Mt. Everest? ➡ Almost 9,000 meters.

(5) _____ is your winter vacation? ➡ About 8 weeks.

(6) _____ does Bob brush his teeth? ➡ Three times a day.

2 보기 와 같이 의문문을 만들어 보세요.

> 보기   How many + She has books. ➡ How many books does she have?

(1) How much + Peter drinks water.

➡ _____?

(2) How much + Kelly has money.

➡ _____?

(3) How many + Wilson wants bananas.

➡ _____?

(4) How much + They buy butter.

➡ _____?

Unit 06 Writing Activity

1 주어진 대답을 참고하여 How many(much) 의문문을 만들어 보세요.

당신은 설탕이 얼마나 많이 필요하나요?

How much sugar do you need?

➡ I need two pounds of sugar.

(1) 그는 얼마나 많은 닭을 기르나요?

_____?

➡ He raises ten chickens.

(2) 그녀는 얼마나 많은 사과를 먹나요?

_____?

➡ She eats three apples a day.

(3) 그녀는 얼마나 많은 피자를 원하나요?

_____?

➡ She wants four pieces of pizza.

2 주어진 단어를 이용하여 의문문을 만들어 보세요.

(1) (tall) _____? Are you 160 centimeters tall?

(2) (heavy) _____? Is this computer 10 kilograms?
20 kilograms?

(3) (old) _____? Are you 15 years old? 16?

(4) (often) _____? Do you watch TV every day?
Three times a week?

Oral Test

1 How many와 How much는 '얼마나 많은'의 뜻으로 어떤 수의 많음을 물어볼 때는

[   ]를 쓰고, 어떤 양의 많음을 물어볼 때는 [   ]를 써요.

2 How many 뒤에는 [   ]명사를 쓰고, How much 뒤에는 [   ]명

사를 써야 해요. 가격을 물어볼 때는 [   ]를 써요.

3 사람의 키나 높이를 물을 때는 [   ], 길이나 기간을 물을 때는 [   ],

나이를 물을 때는 [   ], 거리가 얼마나 되는지를 [   ], 얼마나

자주인지 횟수를 물을 때는 [   ]을 써서 의문문을 만들어요.

REVIEW TARGET WORDS

주어진 단어의 철자/뜻을 쓰세요.

☐ stay	ⓥ _____		☐	_____	ⓝ 다리
☐ airport	ⓝ _____		☐	_____	쇼핑하러 가다
☐ buy	ⓥ _____		☐	_____	ⓥ 필요하다
☐ use	ⓥ _____		☐	_____	ⓝ 설탕
☐ city	ⓝ _____		☐	_____	ⓝ 삼촌
☐ ruler	ⓝ _____		☐	_____	낚시하러 가다
☐ river	ⓝ _____		☐	_____	ⓥ 노래하다
☐ vacation	ⓝ _____		☐	_____	ⓥ 닦다
☐ teeth	ⓝ _____				

unit 07

수동태

알고 있는 단어를 check(✓) 후 뜻을 쓰고, 모르는 단어는 조사해 오세요!

☐ broke	ⓥ _____		☐ clean	ⓥ _____	
☐ letter	ⓝ _____		☐ picture	ⓝ _____	
☐ fix	ⓥ _____		☐ open	ⓥ _____	
☐ speak	ⓥ _____		☐ steal	ⓥ _____	
☐ find	ⓥ _____		☐ build	ⓥ _____	
☐ catch	ⓥ _____		☐ teach	ⓥ _____	
☐ thief	ⓝ _____		☐ bridge	ⓝ _____	
☐ teenager	ⓝ _____		☐ visit	ⓥ _____	
☐ museum	ⓝ _____		☐ accident	ⓝ _____	
☐ report	ⓝ _____		☐ light bulb	_____	

수동태가 뭐예요?

우리가 사용하는 거의 모든 문장은 주어가 직접 행동을 하는 능동태 문장이에요. 우리 말 '나는 그녀를 사랑한다'를 능동태라고 해요. 주어(I)가 직접 행위(love)를 하는 주인이 되니까요. 하지만, 그녀의 입장에서 보면 싫든지 좋든지 간에 사랑을 받는 게 되는 거예요. 그러면 그녀(She)를 주어로 쓰면 '사랑을 받는다'라는 문장으로 써야 돼요. 이때는 동사를 'love'로 쓰지 않고 'is loved'로 써서 '주어가 ~에 의해서 …되어지다(당하다)'의 수동태가 탄생하는 거예요.

능동태: 주어가 동작을 직접한다.
The children broke the window. ⟶

그 아이들이 창문을 깨뜨렸다.

수동태: 주어가 동작을 받는다(당한다).
The window was broken by the children. ⟵

그 창문이 아이들에 의해 깨졌다.

수동태의 동사는 언제나 'be동사+(과거분사)'를 써요. 수동태를 자주 써보면 어렵지 않으니 하나씩 만들어 볼까요?

She **loves** him. 그녀는 그를 사랑한다. (능동태)

첫째, 능동태에서 목적어를 문장 맨 앞인 주어로 보내요.
He xxx xxxx xxxx.

둘째, 동사는 'be+과거분사'로 바꿔요.
He is loved xxx xxx.

셋째, 원래 행위자인 주어를 'by+목적격(명사)'을 써서 뒤로 보내요.
He is loved by her. 그는 그녀에 의해 사랑을 받는다. (수동태)

be동사는 주어에 따라 is, are, am을 쓰고, 과거일 때는 주어에 맞게 was와 were를 쓰면 돼요.

Lisa **cleans** the room. Lisa는 그 방을 청소한다.

The room **is cleaned** by Lisa.
그 방은 Lisa에 의해 청소가 된다.

He **wrote** the letter. 그가 편지를 썼다.

The letter **was written** by him.
그 편지는 그에 의해서 쓰여졌다.

수동태의 부정문을 만들 때에는 앞서 배운 be동사의 부정문과 똑같이 be동사 뒤에 'not'만 붙이면 돼요. 참 쉽죠?

The cake **was not made** by Sunny.
그 케이크는 Sunny가 만들지 않았다.

The window **was not opened** by me.
그 창문은 나에 의해 열려지지 않았다.

의문문도 be동사의 의문문과 마찬가지로 be동사를 문장 맨 앞으로 보내고 물음표(?)를 써주면 돼요. 대답은 Yes/No를 이용하면 돼요.

Was the picture **painted** by her?
그 그림이 그녀에 의해서 그려진 거니?

➡ Yes, it **was**. 응. / No, it **wasn't**. 아니.

Was the bicycle **fixed** by your dad?
그 자전거가 네 아빠에 의해서 고쳐졌니?

➡ Yes, it **was**. 응. / No, it **wasn't**. 아니.

수동태

1 수동태가 뭐예요?

주어가 동작을 직접 행하는 문장을 능동태(active voice), 주어가 동사의 행위를 받는(당하는) 문장을 수동태(passive voice) 문장이라고 해요. 수동태는 능동태 문장의 목적어를 주어로 쓰고 동사를 '⬚'로 고쳐요.

We are helped by the teacher.
우리는 선생님에 의해 도움을 받는다.

The book is read by many people.
그 책은 많은 사람들에 의해 읽혀진다.

2 수동태의 부정문과 의문문은 어떻게 만드나요?

수동태 형태('be+과거분사')에서 be동사 바로 뒤에 ⬚ 을 붙여 부정문을 만들어요. 의문문은 ⬚ 를 문장 맨 앞으로 보내고 물음표(?)를 써주면 돼요.

Is she loved by Tom? 그녀는 Tom에 의해 사랑을 받나요?
➡ 긍정일 때: Yes, she is. / 부정일 때: No, she isn't.

3 과거분사가 뭐예요?

과거분사는 혼자서는 동사 역할을 할 수 없고, be동사와 만났을 때 비로소 하나의 동사 역할을 할 수 있는 거예요.

1 대부분의 과거분사는 규칙적으로 동사에 -ed를 붙여 과거동사와 같은 모양이에요.

play – played – played (과거분사)   love – loved – loved (과거분사)
open – opened – opened (과거분사)   study – studied – studied (과거분사)

2 일부 동사의 과거분사는 불규칙하게 변해요.

see –saw – seen (과거분사)   break – broke – broken (과거분사)
speak – spoke – spoken (과거분사)   steal – stole – stolen (과거분사)
do – did – done (과거분사)   eat – ate – eaten (과거분사)
find – found – found (과거분사)   build – built – built (과거분사)
catch – caught – caught (과거분사)   make – made – made (과거분사)
teach – taught – taught (과거분사)   drive – drove – driven (과거분사)

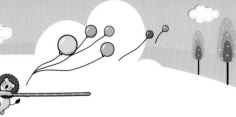

 다음 주어진 동사의 과거형과 'be + 과거분사형'을 써 보세요.

동사원형	과거형	be + 과거분사형

(1)　study　_____　be _____

(2)　buy　_____　be _____

(3)　make　_____　be _____

(4)　speak　_____　be _____

(5)　steal　_____　be _____

(6)　teach　_____　be _____

(7)　find　_____　be _____

(8)　give　_____　be _____

(9)　drive　_____　be _____

(10)　play　_____　be _____

(11)　love　_____　be _____

(12)　open　_____　be _____

(13)　do　_____　be _____

(14)　eat　_____　be _____

(15)　break　_____　be _____

(16)　catch　_____　be _____

(17)　build　_____　be _____

 ( ) 안에서 알맞은 것을 고르세요.

(1)

The book (was written / were written) by my father.

(2)

This toy (made / was made) by him.

(3)

The house (was / were) made by them.

(4)

My parents (love / are loved) me.

(5)

The computer is used by (she / her).

(6)

The work (is did / is done) by them.

(7)

The thief (was caught / was catch) by the policeman.

(8)

The pizza (is ate / is eaten) by them.

EXercise ③

1 ( ) 안에서 알맞은 것을 고르세요.

(1) The car (was not / not was) washed by him.

(2) (Was / Were) the cups broken by her?

(3) This e-mail (was not / not was) written by Kevin.

(4) I (am not / is not) helped by the teacher.

(5) (Were / Was) Nancy seen by me?

(6) The cell phone (is not / are not) used by Scott.

2 빈칸을 채워 수동태 문장을 완성하세요.

(1)

They built the bridge.
➡ The bridge _____
_____ by them.

(2)

Shakespeare wrote Romeo and Jeliet.
➡ Romeo and Juliet _____
_____ by Shakespeare.

(3)

Many teenagers play computer games.
➡ Computer games _____
_____ by many teenagers.

(4)

Many people visit this museum.
➡ This museum _____
_____ by many people.

1 주어진 문장을 부정문과 의문문으로 만들고 대답도 쓰세요.

(1) The work was finished by Steve.

부정문: _____ .

의문문: _____ ?　Yes, _____ .

(2) The window was broken by them.

부정문: _____ .

의문문: _____ ?　No, _____ .

(3) The books are read by many people.

부정문: _____ .

의문문: _____ ?　No, _____ .

2 주어진 문장을 수동태로 고쳐 다시 쓰세요.

(1) The teacher loves us.

➡ _____ .

(2) Scott wrote the report.

➡ _____ .

(3) A lot of people speak English.

➡ _____ .

(4) A thief stole Karen's book.

➡ _____ .

(5) The cat killed the mouse.

➡ _____ .

Unit 07 Writing Activity

1 주어진 문장을 수동태 부정문으로 바꿔 쓰세요.

(1)

Scott doesn't love her.

➡ _____ .

(2)

I didn't make this table.

➡ _____ .

2 주어진 능동태 의문문을 수동태 의문문으로 바꾸세요.

(1) Did the policeman catch the thief?

➡ _____ ?

(2) Does Steve wash the car?

➡ _____ ?

(3) Did Jenny help Laura?

➡ _____ ?

3 주어진 단어를 활용하여 능동태, 수동태, 수동태 의문문 문장을 만들어 보세요.

(1) Thomas Edison / invent / the light bulb

(능동태) _____ .

(수동태) _____ .

(수동태 의문문) _____ ?

(2) Da Vinci / paint / the Mona Lisa

(능동태) _____ .

(수동태) _____ .

(수동태 의문문) _____ ?

Oral Test

1 주어가 동작을 직접 행하는 문장을 능동태(active voice), 동사의 행위를 받는(당하는) 문장을 수동태(passive voice) 문장이라고 해요. 수동태는 능동태 문장의 목적어를 주어로 쓰고 동사를 '⬚'로 고쳐요.

2 'be + v-ed(과거분사)'의 수동태 형태에서 be동사 바로 뒤에 ⬚을 붙여 부정문을 만들어요. 의문문은 ⬚를 문장 맨 앞으로 보내고 물음표(?)를 써주면 돼요.

REVIEW TARGET WORDS

주어진 단어의 철자/뜻을 쓰세요.

☐ _____	ⓥ break(깨다)의 과거	☐ clean	ⓥ _____
☐ _____	ⓝ 편지	☐ picture	ⓝ _____
☐ _____	ⓥ 고치다	☐ open	ⓥ _____
☐ _____	ⓥ 말하다	☐ steal	ⓥ _____
☐ _____	ⓥ 찾다, 발견하다	☐ build	ⓥ _____
☐ _____	ⓥ (붙)잡다	☐ teach	ⓥ _____
☐ _____	ⓝ 도둑	☐ bridge	ⓝ _____
☐ _____	ⓝ 청소년	☐ visit	ⓥ _____
☐ _____	ⓝ 박물관	☐ accident	ⓝ _____
☐ _____	ⓝ 보고서, 기사	☐ light bulb	_____

unit 08

접속사

자! 이제 여러분은 내가 연결시켜 주었으니, 이 시간부터 한 몸이 되었습니다.

연결의 달인 접속맨!

명사 명사 형용사 형용사 문장 문장

TARGET WORDS

알고 있는 단어를 check(✓) 후 뜻을 쓰고, 모르는 단어는 조사해 오세요!

☐ table tennis	_____		☐ actress	ⓝ _____
☐ tired	ⓐ _____		☐ weather	ⓝ _____
☐ turn on the light	_____		☐ cold	ⓝ _____
☐ pepper	ⓝ _____		☐ fat	ⓐ _____
☐ light	ⓐ _____		☐ on foot	_____
☐ hiking	ⓝ _____		☐ ring	ⓥ _____
☐ lie	ⓥ _____		☐ foolish	ⓐ _____
☐ grade	ⓝ _____		☐ remember	ⓥ _____
☐ curry	ⓝ _____		☐ boring	ⓐ _____
☐ amusement park	_____		☐ pass	ⓥ _____
☐ miss	ⓥ _____		☐ popular	ⓐ _____

unit 08

접속사가 뭐예요?

여러분이 인터넷에 연결되어 게임도 하고 공부도 하듯이, 영어에서 접속사 and, but, or 등은 문장에서 단어와 단어를 연결해 주기도 하고, 구와 구 또는 문장과 문장을 연결해 주는 역할을 해요. 이 때 두 개의 단어를 이어 줄 때는 쉼표(,)가 필요 없지만, 세 개 이상의 단어를 연결할 때는 마지막 단어 앞에 쉼표(,)를 쓰고 접속사를 써요.

❶ and 그리고, ~와 (앞말과 뒷말이 서로 대등한 내용을 연결해 주는 역할)

Lisa and Scott are playing table tennis.
Lisa와 Scott 은 탁구를 치고 있다.

She played the piano, and he sang a song.
그녀는 피아노를 연주했고, 그는 노래를 했다.

> 주의! and가 문장과 문장을 연결할 때 뒤에 나온 문장이 추가적인 정보를 주는 역할을 해요. 문장과 문장을 연결할 때는 and 앞에 쉼표(,)를 주로 씁니다.

❷ but 그러나, 하지만 (앞말과 뒷말이 서로 반대되는 내용을 연결해 주는 역할)

Our car is old but good.
우리 차는 오래됐지만 좋다.

Penguins can swim, but they can't fly.
펭귄은 수영을 할 수 있지만 날 수는 없다.

주의! and는 서로 비슷한 내용을, but은 서로 반대되는 내용을 이어줍니다. 문장과 문장을 연결할 때 but 앞에 쉼표(,)를 주로 쓴답니다.

❸ or 또는, 혹은 (둘 중에 하나를 선택하게끔 하는 역할)

Nancy may become a model **or** an actress.
Nancy는 아마 모델이 되거나 배우가 될 거야.

Would you like some water **or** some fruit juice?
물을 드실래요? 과일주스 드실래요?

주의! 문장과 문장을 연결할 때 or 앞에 쉼표(,)를 주로 쓴답니다.
You may go there, **or** you may stay here. 너는 거기에 가도 되고, 여기에 머물러도 된다.

❹ so 그래서, 그 결과 (앞 문장은 원인, 뒷 문장은 결과를 나타내 주는 역할)

The weather was cold, **so** they didn't go swimming.
날씨가 추워서, 그들은 수영하러 가지 않았다.

I was tired, **so** I went to bed early.
나는 피곤해서 일찍 자러 갔다.

주의! so는 어떤 행동이나 생각의 결과를 나타내요. 다른 접속사와 달리 so는 문장과 문장만을 연결하는 역할을 해요.

접속사

1 접속사가 뭐예요?

접속사는 단어와 단어 또는 문장과 문장을 이어주는 역할을 해요. 명사는 명사끼리,
형용사는 형용사끼리, 문장은 문장끼리 서로 같은 문법적 기능을 연결해야 해요.

2 어떤 접속사가 있나요?

1 [   ] : 그리고, ~와 (앞말과 뒷말이 서로 대등한 내용을 연결해 줘요.)

I saw a cat **and** a mouse. 나는 고양이와 쥐를 봤다.

I saw a cat, a mouse, **and** a dog. 나는 고양이와 쥐, 그리고 강아지를 봤다.

We stayed at home, **and** (we) watched TV. 우리는 집에 있으면서 TV를 봤다.

2 [   ] : 그러나, 하지만 (앞말과 뒷말이 서로 반대되는 내용을 연결해 줘요.)

I have a cold, **but** I feel OK. 나는 감기에 걸렸지만 괜찮다.

I like Sunny, **but** she doesn't like me. 나는 Sunny를 좋아하지만 그녀는 나를 좋아하지 않는다.

3 [   ] : 또는, 혹은 (둘 이상의 것 중에 하나를 선택하게끔 하는 역할을 해요.)

Is a lemon sweet **or** sour? 레몬이 다니 아니면 시니?

Was the restaurant expensive **or** cheap? 그 음식점은 비쌌니 아니면 쌌니?

Which is better, this **or** that? 이것과 저것 중에 어느 것이 더 좋니?

You can play this game, **or** you can go out. 너는 이 게임을 해도 좋고, 나가도 좋다.

4 [   ] : 그래서, 그 결과

(so는 앞 문장이 원인, 뒷 문장이 결과를 나타내요. 다른 접속사와 달리 so는

[   ]과 [   ]만을 연결하는 역할을 해요.)

James was very hungry, **so** he ate ten apples.
James는 몹시 배가 고파서, 사과를 열 개나 먹었다.

The room was dark, **so** I turned on the light. 방이 어두워서, 나는 불을 켰다.

 ( ) 안에서 and, but, or 중 알맞은 접속사를 고르세요.

(1)

They stayed at home (and / but / or) watched TV.

(2)

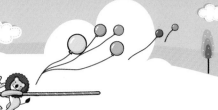

I bought a newspaper, (and/ but / or) I didn't read it.

(3)

She doesn't like him, (and / but / or) he doesn't like her.

(4)

Kevin is handsome, (and / but / or) short.

(5)

Which do you need, pepper (and / but / or) salt?

(6)

Would you like coffee (and / but / or) tea?

🎈 ( ) 안에서 and, but, or, so 중에서 알맞은 것을 고르세요.

(1)

It was very hot, (and / but / or / so)
I opened the window.

(2)

Steve (and / but / or / so) his son
went fishing.

(3)

She is very kind, (and / but / or /
so) everyone likes her.

(4)

An orange is sweet, (and / but / or /
so) a lemon is sour.

(5)

That box is light, (and / but / or /
so) this box is heavy.

(6)

They had some free time, (and /
but / or / so) they went for a drive.

 주어진 문장을 읽고 알맞은 접속사를 쓰세요.

(1)   Mike _____ I were in the library.

(2)   He is poor _____ happy.

(3)   Do you go to school on foot, _____ by bus?

(4)   I stayed up all night, _____ I am very tired.

(5)   Seoul is big _____ very exciting.

(6)   Susan made a cake for Kevin, _____ he didn't like it.

(7)   My daddy loves fishing _____ hiking.

(8)   He isn't tall, _____ he can play basketball very well.

(9)   The phone rang twice, _____ nobody answered it.

(10) Which is bigger, a tiger _____ an elephant?

(11) She was hungry, _____ she didn't eat anything.

(12) My friend lied to me, _____ I don't trust her.

(13) Scott played the guitar _____ sang a song.

(14) Which do you like better, winter _____ summer?

(15) Christina was not a singer _____ an actress.

Unit 08 Jump Up

1 자연스런 의미의 문장이 되도록 알맞게 연결하세요.

(1) I was hungry, ·   · (a) so I went to bed early.

(2) Which hat is yours, ·   · (b) but I didn't eat anything.

(3) He studied hard, ·   · (c) this or that?

(4) I was tired, ·   · (d) so he got good grades.

2 주어진 문장을 보기 와 같이 원인과 결과를 구분하여 쓰세요.

> 보기
>
> I got up late, so I was late for school.   결과 ➡ I was late for school.
>   원인 ➡ I got up late.

(1) It was very cold, so I closed the window.

결과 ➡ _____ .

원인 ➡ _____ .

(2) It started to rain, so I went home.

결과 ➡ _____ .

원인 ➡ _____ .

3 빈칸에 but과 so 중 알맞은 것을 써 넣으세요.

(1) The movie was very long, _____ it was interesting.

The movie was very long, _____ we got home late.

(2) I was very hungry, _____ I ate all the chocolate.

I was very hungry, _____ I didn't eat anything.

Unit 08 Writing Activity

1 알맞은 접속사를 이용하여 두 문장을 연결하세요.

(1) My mom cooked curry. My daddy didn't eat it.
➡ _____.

(2) I can remember his face. I can't remember his name.
➡ _____.

(3) We stayed at home. We watched a movie.
➡ _____.

(4) They will go on a picnic. They will go to the amusement park.
➡ _____.

2 접속사 so를 이용하여 두 문장을 연결하세요.

(1) It was raining. Jason didn't go swimming.
➡ _____.

(2) She went to the hospital. She was sick.
➡ _____.

(3) They missed the train. They were late.
➡ _____.

(4) I could pass the test. I studied very hard
➡ _____.

(5) The children left. The party was boring.
➡ _____.

(6) It was very popular. The movie was interesting.
➡ _____.

1 ☐ : 그리고, ~와 (앞말과 뒷말이 서로 대등한 내용을 연결해 줘요.)

2 ☐ : 그러나, 하지만 (앞말과 뒷말이 서로 반대되는 내용을 연결해 줘요.)

3 ☐ : 또는, 혹은 (둘 중(두 개 이상)에 하나를 선택하게끔 하는 역할을 해요.)

4 ☐ : 그래서, 그 결과

5 so는 앞 문장이 원인, 뒷 문장이 결과를 나타내요. 다른 접속사와 달리 so는 ☐ 과 ☐

만을 연결하는 역할을 해요.

REVIEW TARGET WORDS

🖊 주어진 단어의 철자/뜻을 쓰세요.

☐ table tennis _____   ☐ _____ ⓝ 여배우

☐ tired ⓐ _____   ☐ _____ ⓝ 날씨

☐ turn on the light _____   ☐ _____ ⓝ 감기

☐ pepper ⓝ _____   ☐ _____ ⓐ 살찐, 뚱뚱한

☐ light ⓐ _____   ☐ _____ 걸어서

☐ hiking ⓝ _____   ☐ _____ ⓥ 울리다

☐ lie ⓥ _____   ☐ _____ ⓐ 바보 같은

☐ grade ⓐ _____   ☐ _____ ⓝ 기억하다

☐ curry ⓝ _____   ☐ _____ ⓐ 지루한

☐ amusement park _____   ☐ _____ ⓐ 통과(합격)하다

☐ miss ⓥ _____   ☐ _____ ⓐ 인기있는

Progress Test 2

 빈칸에 How many 또는 How much 중 알맞은 것을 쓰세요. 1~2

1

_____ water do you drink a day?

2

_____ pencils does he have?

 주어진 문장을 보기 와 같이 의문부사를 활용한 의문문으로 만들어 보세요. 3~5

보기 Your father is old.　　+　How　➡　How old is your father?

3 You often go shopping. + How ➡ _____ ?

4 Mt. Everest is high.　　+ How ➡ _____ ?

5 That bridge is long.　　+ How ➡ _____ ?

 주어진 문장을 수동태로 고쳐 다시 쓰세요. 6~9

6

My dad wrote the book.

➡ _____ .

7

He made this toy.

➡ _____ .

8

My parents love me.

➡ _____ .

9

A policeman caught the thief.

➡ _____ .

and, but, or, so 중에서 알맞은 것을 쓰세요. **10~13**

10

I stayed at home _____ watched TV.

11

It was hot, _____ I opened the window.

12

She was tired, _____ she worked hard.

13

Do you go to school on foot _____ by bus?

Progress Test ②

보기와 같이 의문문을 만들어 보세요. 14~15

| 보기 | How many | + | She has books. | ➡ | How many books does she have? |

14 How much + You need sugar.

➡ _____ ?

15 How many + You visit cities.

➡ _____ ?

주어진 문장에서 a lot of를 many와 much로 바꿔 다시 쓰세요. 16~18

16 Tiffany drinks <u>a lot of</u> milk.

➡ _____ .

17 There are <u>a lot of</u> people in the park.

➡ _____ .

18 Do you have <u>a lot of</u> friends?

➡ _____ ?

주어진 문장을 수동태의 부정문과 의문문으로 만들고 대답도 쓰세요. 19~20

19 The children broke the window.

부정문: _____ .

의문문: _____ ? Yes, _____ .

20 She made the box.

부정문: _____ .

의문문: _____ ? No, _____ .

unit 09

비교급/동등비교

알고 있는 단어를 check(✔) 후 뜻을 쓰고, 모르는 단어는 조사해 오세요!

☐ famous	ⓐ _____		☐ quickly	ⓐⓓ _____	
☐ tall	ⓐ _____		☐ short	ⓐ _____	
☐ heavy	ⓐ _____		☐ expensive	ⓐ _____	
☐ busy	ⓐ _____		☐ cheap	ⓐ _____	
☐ strong	ⓐ _____		☐ weak	ⓐ _____	
☐ sad	ⓐ _____		☐ easy	ⓐ _____	
☐ difficult	ⓐ _____		☐ high	ⓐ _____	
☐ low	ⓐ _____		☐ dangerous	ⓐ _____	
☐ soda pop	_____		☐ healthy	ⓐ _____	
☐ fluently	ⓐⓓ _____		☐ slim	ⓐ _____	
☐ river	ⓝ _____		☐ ocean	ⓝ _____	
☐ history	ⓝ _____		☐ cheetah	ⓝ _____	

Unit 09
비교급과 동등비교가 뭐예요?

한국말에는 "내가 너보다 더 키가 커," "내가 너보다 더 예뻐"처럼 '~보다 더'라는 말이 있지만 영어는 이런 말이 없어요. 그래서, 형용사나 부사의 끝에 보통 -er을 붙여서 '더 ~한'이라는 말을 나타내고 우리말 '~보다'에 해당하는 than을 붙여 '~보다 더'라는 비교급을 만들어요. (Book 3 - Unit 9 참고)

자! 이제 비교급은 어떤 두 개의 대상을 놓고 서로 비교한다는 것을 알았죠?

❶ 형용사나 부사의 음절이 1음절이면 -er을 붙이면 돼요. -e로 끝나면 끝에 -r만 붙여요.
old ➡ older than ~ 보다 더 나이 든(오래 된)   long ➡ longer than ~ 보다 더 긴

❷ 형용사나 부사가 '단모음+단자음'으로 끝날 경우 마지막 자음을 한 번 더 쓰고 -er을 붙여요.
big ➡ bigger than ~ 보다 더 큰   hot ➡ hotter than ~ 보다 더 더운(뜨거운)

❸ 단어 끝이 -y로 끝나면 y를 i로 바꾸고 -er을 붙여요.
happy ➡ happier than ~ 보다 더 행복한   pretty ➡ prettier than ~ 보다 더 예쁜

❹ 형용사나 부사가 2음절 이상인 것은 -er을 붙이지 않고, more를 형용사나 부사 앞에 써요.
famous ➡ more famous than ~보다 더 유명한
quickly ➡ more quickly than ~보다 더 빠르게

❺ 불규칙으로 변하는 비교급도 있어요.
good(well) ➡ better than ~ 보다 더 좋은(잘)   bad(ill) ➡ worse than ~ 보다 더 나쁜(나쁘게)

비교급은 둘 중 어느 하나가 더 크거나 더 잘생기거나를 표현하지만, 동등비교는 두 명의 사람이나 두 개의 사물이 서로 같거나 비슷하다고 표현하는 말이에요. 'as+형용사/부사+as'를 써서 만들고 두 번째 as를 우리말 '~만큼'으로 해석해요.

Karen is 130cm. Lucy is 130cm.
Karen은 130센티미터이다. Lucy도 130센티미터이다.
➡ Karen is **as tall as** Lucy. Karen은 Lucy만큼 키가 크다.
(=Karen and Lucy are the same height.)

as와 as 사이에 형용사와 부사의 모양을 바꾸지 않고 원래 모양 그대로 사용해서 원급 비교라고도 해요.

우리말 '~만큼 ~하지 않다'처럼 부정문을 만들 수 있어요. 첫번째 as 바로 앞에 'not'만 붙이면 돼요. 정말 쉽죠?

Mary is 15 years old. Mary 는 15살이다.

Peter is 5 year old. Peter는 5살이다.

➡ Peter is **not as** old as Mary.
(=Mary is older than Peter.)
Peter는 Mary만큼 나이가 들지 않았다.

여기서 가만히 살펴보면 동등비교의 부정문은 비교급과 같다는 것을 알 수가 있어요. 그렇다면 비교급(-er+than)또한 동등비교의 부정문(not as … as)으로 다시 바꿔 쓸 수도 있겠죠.

Sunny is **not as** tall as Steve.
Sunny는 Steve만큼 키가 크지 않다.

= Sunny is shorter **than** Steve.
Sunny는 Steve보다 키가 더 작다.

His hair is **not as** long as her hair.
그의 머리는 그녀의 머리만큼 길지 않다.

= His hair is shorter **than** her hair.
그의 머리는 그녀의 머리보다 더 짧다.

비교급과 동등비교

---

1 비교급이 뭐예요?

두 개의 대상이나 사람을 가지고 어느 한 쪽이 '~보다 더 ~하다'를 나타내는 표현이에요. 대부분의 형용사나 부사 끝에 [   ]을 붙여요. 당연히 -e로 끝나는 단어는 [   ]만 붙이면 돼요.

Kevin is **taller than** Justin. Kevin은 Justin보다 키가 더 크다.
A plane is **faster than** a train. 비행기가 기차보다 더 빠르다.
This box is **heavier than** that box. 이 상자가 저 상자보다 더 무겁다.
My car is **more** expensive **than** your car. 내 차가 너의 차보다 더 비싸다.

---

2 동등비교는 또 뭐예요?

두 개의 대상이나 사람을 가지고 서로 같거나 얼마나 비슷한지를 비교하는 표현이에요. 비교급처럼 형용사나 부사의 모양을 바꾸지 않고 원래의 형태 그대로 사용하여 'as + [   ] + as'로 만들어 사용해요. 우리말 '~만큼 …하다'의 뜻이에요.

She can swim **as** fast **as** you. 그녀는 너만큼 빨리 수영할 수 있다.
Lucy was **as** busy **as** Lisa. Lucy는 Lisa만큼 바빴다.
Bob works **as** hard **as** Ann. Bob은 Ann만큼 열심히 일한다.

---

3 동등비교의 부정문을 만들 수 있나요?

동등비교의 부정은 as … as의 첫 번째 as 바로 앞에 [   ]을 붙이기만 하면 돼요. 우리말 '~만큼 ~하지 않다'의 뜻이에요. 동등비교의 부정은 의미상 [   ]으로 바꿔 쓸 수 있어요.

Tiffany is **not as** old **as** Fred. Tiffany는 Fred만큼 나이 먹지 않았다.
=Tiffany is young**er than** Fred. Tiffany는 Fred보다 더 젊다.
This book is **not as** expensive **as that** book. 이 책은 저 책만큼 비싸지 않다.
=This book is cheap**er than** that book. 이 책이 저 책보다 더 싸다.

  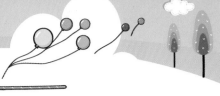

 주어진 단어를 비교급으로 만들어 보세요.

(1)

old ⇒ _____
young ⇒ _____

(2)

tall ⇒ _____
short ⇒ _____

(3)

big ⇒ _____
small ⇒ _____

(4)

strong ⇒ _____
weak ⇒ _____

(5)

happy ⇒ _____
sad ⇒ _____

(6)

fast ⇒ _____
slow ⇒ _____

주어진 비교급을 원급으로 고쳐 쓰세요.

(1)

(easier)

➡ _____

(more difficult)

➡ _____

(2)

(more expensive)

➡ _____

(cheaper)

➡ _____

(3)

(hotter)

➡ _____

(colder)

➡ _____

(4)

(higher)

➡ _____

(lower)

➡ _____

(5)

(better)

➡ _____

(worse)

➡ _____

(6)

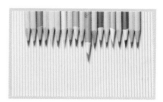

(longer)

➡ _____

(shorter)

➡ _____

1 ( ) 안에서 알맞은 것을 고르세요.

(1)

The Nile is (shorter / longer) than the Han river.

(2)

Africa is (smaller / bigger) than Asia.

(3)

The Nile is (shorter / longer) than the Han river.

Mt. Everest is (lower / higher) than Mt. Baekdu.

(4)

The Earth is (smaller / bigger) than the Moon.

2 빈칸에 as 또는 than 중 알맞은 것을 쓰세요.

(1) Kelly is older _____ Scott.

(2) Mexico is not as big _____ Canada.

(3) Lucy sang as beautifully _____ Susan.

(4) A tiger is more dangerous _____ an elephant.

(5) Soda pop isn't as healthful _____ fruit juice.

(6) She speaks English as fluently _____ Kevin.

1 사진과 일치하도록 (   ) 안의 단어를 알맞게 바꿔 쓰세요.

Maria   Steve
10살   14살
30kg   40kg

(1) (old)   Steve is _____ than Maria.

(2) (short)   Maria is _____ than Steve.

(3) (heavy)   Steve is _____ than Maria.

(4) (long)   Maria's hair is _____ than Steve's hair.

(5) (light)   Maria is _____ than Steve.

(6) (young)   Maria is _____ than Steve.

2 주어진 단어를 활용하여 as … as 또는 not as … as가 들어간 문장을 완성하세요.

(1) (old)   My bicycle is _____ your bicycle.

(2) (not sweet)   A lemon is _____ an orange.

(3) (not big)   Cats are _____ tigers.

(4) (well)   You can speak English _____ I.

(5) (slim)   My daughter is _____ your daughter.

(6) (not heavy)   The black box is _____ the red box.

(7) (not expensive)   My MP3 player is _____ your cell phone.

unit 09 Writing Activity

1 보기와 같이 동등비교 또는 동등비교의 부정문을 이용하여 문장을 완성하세요.

> **보기** My car is strong. Your car is strong. ⟹ My car is as strong as your car.

(1) I was very tired. Lisa was very tired.

⟹ _____ .

(2) Kevin got home late. Peter got home late.

⟹ _____ .

(3) A river isn't big. An ocean is very big.

⟹ _____ .

2 주어진 원급 표현을 비교급으로 바꿔 다시 영작하세요.

> **보기**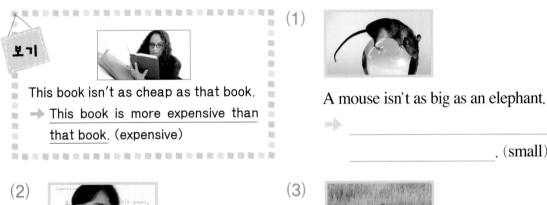
> This book isn't as cheap as that book.
> ⟹ This book is more expensive than that book. (expensive)

(1) A mouse isn't as big as an elephant.

⟹ _____

_____ . (small)

(2) English class isn't as easy as history class.

⟹ _____

_____ . (difficult)

(3) The cheetah isn't as slow as the horse.

⟹ _____

_____ . (fast)

1 비교급을 만들 때에는 형용사나 부사 끝에 ▢ 을 붙여요. 당연히 -e로 끝나는 단어는 ▢ 만 붙이면 돼요.

2 y로 끝나는 단어는 끝의 y를 ▢ 로 고치고 -er을 붙여요.

3 1음절의 단어가 '단모음＋단자음'으로 끝나면 마지막 끝에 있는 ▢ 을 한번 더 쓰고 -er을 붙여요.

4 형용사의 음절이 2음절 이상이거나 -ly로 끝나는 부사는 -er을 붙여 비교급을 만들지 못하고 대신 형용사나 부사 앞에 ▢ 을 써서 비교급을 만들어요.

5 동급비교는 비교급처럼 형용사나 부사의 모양을 바꾸지 않고 원래의 형태 그대로 사용하여 'as＋ ▢ ＋as'로 만들어 사용해요. 우리말 '~만큼 …하다'의 뜻이에요.

6 동등비교의 부정은 as … as의 첫 번째 as 바로 앞에 ▢ 을 붙이기만 하면 돼요. 동등비교의 부정은 의미상 ▢ 으로 바꿔 쓸 수 있어요.

REVIEW TARGET WORDS

주어진 단어의 철자/뜻을 쓰세요.

☐ _____	ⓐ 유명한	☐ quickly	ⓐⒹ _____
☐ _____	ⓐ 키가 큰	☐ short	ⓐ _____
☐ _____	ⓐ 무거운	☐ expensive	ⓐ _____
☐ _____	ⓐ 바쁜	☐ cheap	ⓐ _____
☐ _____	ⓐ 강한	☐ weak	ⓐ _____
☐ _____	ⓐ 슬픈	☐ easy	ⓐ _____
☐ _____	ⓐ 어려운	☐ high	ⓐ _____
☐ _____	ⓐ 낮은	☐ dangerous	ⓐ _____
☐ _____	탄산음료	☐ healthy	ⓐ _____
☐ _____	ⓐⒹ 유창하게	☐ slim	ⓐ _____
☐ _____	ⓝ 강	☐ ocean	ⓝ _____
☐ _____	ⓝ 역사	☐ cheetah	ⓝ _____

unit 10

최상급

누가 이 반에서 제일 예쁘니?
(the most beautiful)?
누가 제일 얼짱이야?
(the most prettiest)?

저요, 저요

야!
넌 얼꽝이잖아!

TARGET WORDS

알고 있는 단어를 check(✓) 후 뜻을 쓰고, 모르는 단어는 조사해 오세요!

☐ high	ⓐ _____		☐ whale	ⓝ _____	
☐ mountain	ⓝ _____		☐ carefully	ⓐd _____	
☐ animal	ⓝ _____		☐ river	ⓝ _____	
☐ season	ⓝ _____		☐ heavy	ⓐ _____	
☐ dangerous	ⓐ _____		☐ giraffe	ⓝ _____	
☐ interesting	ⓐ _____		☐ city	ⓝ _____	
☐ country	ⓝ _____		☐ month	ⓝ _____	
☐ rattlesnake	ⓝ _____		☐ town	ⓝ _____	
☐ math	ⓝ _____		☐ subject	ⓝ _____	
☐ Mars	ⓝ _____		☐ popular	ⓐ _____	
☐ unpopular	ⓐ _____		☐ backpack	ⓝ _____	

unit 10

최상급이 뭐예요?

여러분들 모두 학교에서 제일 키가 크고 싶죠? 제일 공부 잘하고 싶죠? 이처럼 "누가 누가 제일 잘하나?"를 표현하는 것이 최상급이에요. 셋 이상의 사람이나 사물 중에서 누가 '가장 ~한'이란 뜻으로 사용해요.

> Mt. Everest is **the** high**est** mountain. 에베레스트 산이 가장 높은 산이다.
> The blue whale is **the** larg**est** animal. 흰긴수염고래가 가장 큰 동물이다.

최상급을 만드는 방법은 비교급하고 비슷해요. -er을 붙이는 것 대신에 -est를 붙이고, more 대신에 최상급에는 most를 붙여서 만들어요. 어렵지 않죠?

❶ 대부분의 형용사와 부사 끝에 -est를 붙여요. -e로 끝나면 -st만 붙이면 되겠죠?

long	➡	**the** long**est**	fast	➡ **the** fast**est**
large	➡	**the** larg**est**	old	➡ **the** old**est**

❷ -y로 끝나는 단어는 y를 i로 고치고 -est를 붙여요.

happy	➡	**the** happ**iest**	pretty	➡ **the** prett**iest**

❸ '단모음＋단자음'으로 끝나는 단어는 마지막 철자를 한번 더 쓰고 -est를 붙여요.

big	➡	**the** big**gest**	hot	➡ **the** hot**test**

❹ 2음절 이상의 긴 단어는 단어 앞에 the most를 붙여요.

famous	➡	**the most** famous	difficult	➡ **the most** difficult
expensive	➡	**the most** expensive	carefully	➡ **the most** carefully

❺ 불규칙으로 변하는 최상급

good	➡	better (비교급)	➡	**the best** (최상급)
bad	➡	worse (비교급)	➡	**the worst** (최상급)

최상급은 셋 이상의 명사(사람/사물)를 비교할 때 써요. 두 명 중에 어느 한 명이 더 예쁘다고 말할 때는 비교급을 쓰겠죠? 세 명 이상이 되어야 그 중에서 '누가 가장 예쁘다'라고 할 수 있어요. 최상급 앞에는 보통 정관사 the를 써요. 단, 가족이나 친구와 말을 할 때 또는 일상 영어에서는 종종 형용사/부사의 최상급에 the를 쓰지 않을 때도 있어요.

The cheetah is **the fastest animal**.
치타가 가장 빠른 동물이다.

Peter is **the tallest** of the three.
Peter가 셋 중에서 가장 키가 크다.

"내 남자친구가 제일 잘생겼어"라고 하면 잘생긴 건 알겠는데, 우리 학교에서 제일 잘생겼는지, 아니면 전 세계를 통틀어서 제일 잘생겼는지 구체적인 범위를 정해주면 명쾌해질 거 같아요. 그래서 최상급 뒤에 '~에서'를 뜻하는 in the world, in this class, in my family, in Korea 등이 자주 쓰이고, '~중에서'라는 뜻의 of all the students, of all the cities, of four seasons 등도 자주 써요.

The Nile is **the** longest river **in the world**.
나일 강이 전 세계에서 가장 긴 강이다.

Summer is **the hottest of four seasons**.
여름이 사계절 중에서 가장 덥다.

---

1 **최상급**이 뭐예요?

셋 이상의 사람이나 사물을 비교해서 그 중에 누가 [   ]이라는 뜻을 나타내는 표현이에요.

---

2 **최상급**은 **어떻게 만들어요**?

1 대부분의 형용사나 부사 끝에 [   ]를 붙여요. -e로 끝나는 단어는 -st만 붙여요.

tall 키가 큰 ➡ the tall**est** 가장 키가 큰   long 긴 ➡ the long**est** 가장 긴

2 y로 끝나는 단어는 y를 [   ]로 고치고 -est를 붙여요.

heavy 무거운 ➡ the heav**iest** 가장 무거운   happy 행복한 ➡ the happ**iest** 가장 행복한

3 '단모음＋단자음'으로 끝나는 단어는 마지막 [   ]를 한번 더 쓰고 -est를 붙여요.

hot 더운 ➡ the hot**test** 가장 더운   big 큰 ➡ the big**gest** 가장 큰

4 2음절 이상의 소리가 나는 긴 단어는 단어 앞에 [   ]를 붙여요.

dangerous 위험한 ➡ **the most** dangerous 가장 위험한
expensive 비싼 ➡ **the most** expensive 가장 비싼

5 불규칙으로 변하는 비교급과 최상급

good ➡ **better** (비교급) ➡ the [   ] (최상급)

bad ➡ **worse** (비교급) ➡ the [   ] (최상급)

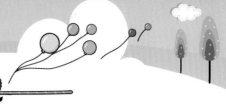

 주어진 단어의 비교급과 최상급을 써 보세요.

		비교급	최상급
(1)	old		
(2)	happy		
(3)	beautiful		
(4)	big		
(5)	expensive		
(6)	large		
(7)	hot		
(8)	cold		
(9)	good		
(10)	long		
(11)	difficult		
(12)	fast		
(13)	bad		

 ( )안에 알맞은 비교급 또는 최상급 표현을 고르세요.

(1)

The giraffe is the (taller / tallest) animal.

(2)

My dad is (the oldest / older) than me.

(3)

This is the (more expensive / most expensive) car.

(4)

Jennifer is (prettier / the prettiest) girl in our class.

(5)

English is (more interesting / the most interesting) subject.

(6)

Janet's hair is (longer / the longest) than Kate's hair.

Unit 10

EXercise ③

1 주어진 단어를 활용하여 빈칸에 최상급 표현을 완성하세요.

(1) (city / large)　　Toronto is _____ in Canada.

(2) (river / long)　　Mississippi is _____ in the USA.

(3) (country / large)　Russia is _____ in the world.

(4) (animal / fast)　　Cheetah is _____ in the world.

(5) (month / short)　 February is _____ of the year.

(6) (city / beautiful)　Seoul is _____ in Korea.

2 주어진 문장에서 <u>틀린</u> 부분을 찾아 문장을 바르게 고쳐 다시 써 보세요.

(1) It is the oldest building than in town.

➡ _____.

(2) This coat is the more expensive than that hat.

➡ _____.

3 주어진 문장에는 필수적인 단어가 빠졌습니다. 찾아서 올바른 문장을 완성해 다시 써 보세요.

(1) Scott is faster John.

➡ _____.

(2) Lisa is most beautiful student in the class.

➡ _____.

(3) Jane is older Julie.

➡ _____.

Unit 10 Jump Up

 사진을 참고하여 비교급과 최상급 문장을 완성하세요.

tall / short

Kevin: 150cm
Bob: 140cm
Ken: 135cm

(1) (비교급) Kevin is _____ _____ Ken.

(2) (비교급) Ken is _____ _____ Bob.

(3) (최상급) Kevin is _____ _____ of the three.

(4) (최상급) Ken is _____ _____ of the three.

young / old

Kathy: 30 years old
Chris: 35 years old
Julie: 7 years old

(5) (비교급) Kathy is _____ _____ Chris.

(6) (비교급) Chris is _____ _____ Julie.

(7) (최상급) Julie is _____ _____ of the three.

(8) (최상급) Chris is _____ _____ of the three.

Unit 10 Writing Activity

 주어진 정보를 읽고 질문에 알맞은 답을 하세요.

Scott is faster than John. Lisa is faster than Scott.

보기 Who is the fastest?
➡ <u>Lisa is the fastest</u> of the three.

(1) Who is the slowest?

➡ _____ of the three.

The Earth is bigger than the Mars.

The Earth is smaller than the Sun.

(2) What is the biggest?

➡ _____.

(3) What is the smallest?

➡ _____.

Soccer is more popular than baseball.

Baseball is more popular than basketball.

(4) What is the most popular?

➡ _____.

(5) What is the most unpopular?

➡ _____.

Lisa's backpack is heavier than Lucy's backpack.

Kelly's backpack is heavier than Lisa's backpack.

(6) Whose backpack is the heaviest?

➡ _____.

(7) Whose backpack is the lightest?

➡ _____.

Oral Test

1 최상급은 셋 이상의 사람이나 사물을 비교해서 그중에 누가 [   ]이라는 뜻을 나타내는 표현이에요.

2 대부분의 형용사나 부사 끝에 [   ]를 붙여요. -e로 끝나는 단어는 -st만 붙여요.

3 y로 끝나는 단어는 y를 [   ]로 고치고 -est를 붙여요.

4 '단모음＋단자음'으로 끝나는 단어는 마지막 [   ]를 한번 더 쓰고 -est를 붙여요.

5 2음절 이상의 소리가 나는 긴 단어는 단어 앞에 [   ]를 붙여요.

REVIEW TARGET WORDS

주어진 단어의 철자/뜻을 쓰세요.

☐ high	ⓐ _____	☐ _____	ⓝ 고래
☐ mountain	ⓝ _____	☐ _____	ⓐⓓ 조심스럽게
☐ animal	ⓝ _____	☐ _____	ⓝ 강
☐ season	ⓝ _____	☐ _____	ⓐ 무거운
☐ dangerous	ⓐ _____	☐ _____	ⓝ 기린
☐ interesting	ⓐ _____	☐ _____	ⓝ 도시
☐ country	ⓝ _____	☐ _____	ⓝ 월(달)
☐ rattlesnake	ⓝ _____	☐ _____	ⓝ 마을
☐ math	ⓝ _____	☐ _____	ⓝ 과목
☐ Mars	ⓝ _____	☐ _____	ⓐ 인기있는
☐ unpopular	ⓐ _____	☐ _____	ⓝ 배낭, 가방

unit 11

조동사

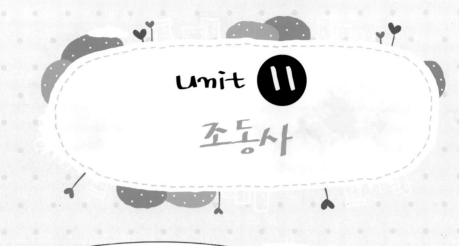

알고 있는 단어를 check(✓) 후 뜻을 쓰고, 모르는 단어는 조사해 오세요!

☐ use	ⓥ _____		☐ borrow	ⓥ _____	
☐ tired	ⓐ _____		☐ sick	ⓐ _____	
☐ see a doctor	_____		☐ bicycle	ⓝ _____	
☐ late	ⓐ _____		☐ turtle	ⓝ _____	
☐ frog	ⓝ _____		☐ turn	ⓥ _____	
☐ ostrich	ⓝ _____		☐ climb	ⓥ _____	
☐ singer	ⓝ _____		☐ wear	ⓥ _____	
☐ really	ⓐd _____		☐ skinny	ⓐ _____	
☐ practice	ⓥ _____		☐ lie	ⓝ _____	
☐ health	ⓝ _____		☐ lake	ⓝ _____	

Unit 11

조동사가 뭐예요?

Book 3-Unit 10에서 배웠듯이 조동사는 말 그대로 동사 앞에 착 붙어서 동사 혼자는 할 수 없는 여러 가지 표현을 도와주는 역할을 해요. can은 주어의 능력(ability)이나 허락(permission), may는 주로 허락(permission)이나 추측(guess)을 나타내요.

● 능력(ability): '~할 수 있다'

Can she swim? 그녀는 수영을 할 수 있니?
➡ Yes, she **can**. She **can** swim well.
  응, 그녀는 수영을 잘해.

Can Jennifer dance? Jennifer는 춤출 수 있니?
➡ No, she **can't**. She **can't** dance.
  아니. 그녀는 춤출 줄 몰라.

● 허락(permission): '~해도 좋다'

May I use your cell phone?
당신의 휴대폰을 사용해도 되나요?
➡ No, you **may** not. 안 됩니다.

Can I borrow your pencil?
연필을 빌려줄래?
➡ Yes, you **can**. 그래 빌려가.

● 추측(guess): '~일지도 모른다'

It **may** rain tomorrow. 내일 비가 올지도 모른다.

He **may** be tired. 그는 피곤할지도 모른다.

우리말 '~하는 게 좋겠다', '~하는 게 좋은 생각이다'를 나타내는 조동사 should와 'had better+동사원형'이 있어요. 충고(advice, good idea)를 할 때 써요. 부정문 ('~하지 않는 게 좋겠다')을 만들 때는 조동사 뒤에 'not'만 붙여주기만 하면 돼요.

She is sick. 그녀는 아프다.
She **should**(=**had better**) see a doctor.
그녀는 진찰을 받는 게 좋겠다.

You **had better not** watch TV.
=You **shouldn't** (=**should not**) watch TV.
너는 TV를 보지 않는 게 좋겠다.

조동사 must와 have to는 우리말 '~해야 한다'의 뜻의 조동사예요. 어떤 일을 꼭 하라고 하는 강한 어조가 담겨 있어요. must의 부정문은 must 뒤에 not을 붙여 '~해서는 안 된다'라는 강한 금지를 나타내고, have to의 부정은 don't have to를 써서 우리말 '~할 필요가 없다'는 뜻으로 불필요함을 나타내요.

You **have to** finish your homework.
=You **must** finish your homework.
너는 숙제를 끝내야 한다.

You **mustn't** (=**must not**) speak in class.
너는 수업시간에 말해서는 안 된다.

Today is Sunday.
오늘은 일요일이다.
You **don't have to** go to school.
너는 학교에 갈 필요가 없다.

조동사

1 can은 언제 쓰는 건가요?

can은 주어의 현재 또는 미래의 [   ](ability) 또는 [   ](permission)을 나타내요.

She **can** play the violin. 그녀는 바이올린을 연주할 수 있다.
You **can** use my bicycle. 너는 내 자전거를 사용해도 좋다.

2 may는 언제 쓰는 건가요?

50% 이하의 [   ](guess) 또는 [   ](permission)을 나타내요. 추측일 때 may는 '~일지도 모른다'의 뜻이고, 허락을 나타낼 때는 '~해도 좋다'의 뜻이 돼요.

Tiffany **may** (**might**) be at home. Tiffany는 집에 있을지도 모른다. (50% 이하의 추측)
May I come in? 들어가도 되나요? (허락)

3 should와 must는 서로 다른 건가요?

should와 must 둘 다 '~해야 한다'의 뜻은 같지만 should는 '그렇게 하는 게 좋겠다'라고 권장하는 느낌이고, must는 어떤 일을 꼭 해야 한다는 피할 수 없는 강조(명령)의 표현이에요. should와 같은 표현으로 [   ]를 쓰고, must와 같은 표현으로는 [   ]를 써요.

4 부정문은 어떻게 만들어요?

조동사 can, may, should, must, had better 바로 뒤에 [   ]을 붙여 만들어요.

대신 have to의 부정은 [   ]를 써요.

She **can't** sing well. 그녀는 노래를 잘하지 못한다.
You **must not** be late for school. 너는 학교에 늦으면 안 된다.
You **don't have to** wait for him. 너는 그를 기다릴 필요가 없다.

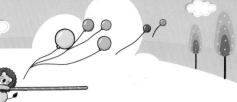

1 사진과 일치하도록 can과 can't를 써 넣어 문장을 완성하세요.

(1)

I _____ play soccer.

(2)

Jessica _____ play the piano.

(3)

A turtle _____ run.

(4)

A frog _____ jump.

2 표지판을 보고 ( ) 안에서 알맞은 것을 고르세요.

(1)

You (must / must not) stop.

(2)

You (must / must not) smoke.

(3)

You (must / must not) turn left.

(4)

You (must / must not) pick flowers.

1 보기 와 같이 의문문과 그 대답을 완성하세요.

보기

<u>Can</u> a turtle swim? ➡ <u>Yes, it can.</u>

(1)

_____ an ostrich fly?

➡ _____.

(2)

_____ Scott play the drum?

➡ _____.

(3)

_____ a bear climb trees?

➡ _____.

2 ( ) 안에서 알맞은 조동사를 고르세요.

(1)

(Can / May) she sing well?

➡ Yes, she is a good singer.

(2)

Does she (have to / may) wear glasses?

➡ Yes, her eyes are not good.

(3)

You (may / should) read this book.

➡ It is a really good book.

(4)

You (can / had better) eat more.

➡ You're skinny.

1 보기 와 같이 should not을 이용하여 충고하는 문장을 완성해 보세요.
(too를 so로 바꾸기)

 보기

Chris eats too much.
→ He should not eat so much.

(1)

Scott watches TV too much.

→ _____.

(2)

Jason works too hard.

→ _____.

(3)

Jennifer drives too fast.

→ _____.

2 우리말과 같도록 빈칸을 완성해 보세요.

(1) 너는 전철을 타야 한다.

You _____ take a subway.

(2) 그녀는 바이올린을 연습해야 한다.

She _____ _____ practice the violin.

(3) 학생들은 선생님께 거짓말을 해서는 안 된다.

Students _____ _____ tell a lie to their teachers.

(4) 너는 지금 그곳에 갈 필요는 없다.

You _____ _____ _____ go there now.

Unit ⑪ Jump Up

1 must가 쓰인 문장은 have to로, have to가 쓰인 문장은 must로 고쳐 써 보세요.

(1) They must do their homework.

➡ _____.

(2) You must read this book.

➡ _____.

(3) Jessica has to go to the library.

➡ _____.

(4) Kevin must see a doctor.

➡ _____.

2 주어진 표현을 이용하여 had better 또는 had better not을 이용한 문장을 완성하세요.

> take your umbrella / make a noise / do exercise for your health / go to bed early

(1)

You _____.

(2)

You _____

in the library.

(3)

It's raining.

You _____.

(4)

You _____.

Unit 11 Writing Activity

1 must와 mustn't를 이용하여 문장을 영작하세요.

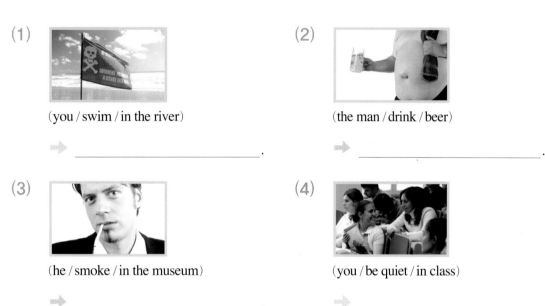

(1) (you / swim / in the river)

➡ _____ .

(2) (the man / drink / beer)

➡ _____ .

(3) (he / smoke / in the museum)

➡ _____ .

(4) (you / be quiet / in class)

➡ _____ .

2 should와 shouldn't를 이용하여, 어린 동생에게 해야 할 것과 하지 말아야 할 것을 말해 주세요.

보기 She doesn't wash her hands. ➡ You should wash them. _____ .

(1) She doesn't eat breakfast. ➡ _____ .

(2) She doesn't do her homework. ➡ _____ .

(3) She watches TV too much. ➡ _____ .

(4) She doesn't like to study English. ➡ _____ .

(5) She gets up late every morning. ➡ _____ .

(6) She goes to bed late. ➡ _____ .

Oral Test

1 can은 주어의 현재 또는 미래의 ☐(ability) 또는 ☐(permission)을 나타내요.

2 may는 50% 이하의 ☐(guess) 또는 ☐(permission)을 나타내요. 추측일 때 may는 '~일지도 모른다'의 뜻이고 허락을 나타낼 때는 '~해도 좋다'의 뜻이 돼요.

3 should와 must 둘 다 '~해야 한다'의 뜻은 같지만 should는 '그렇게 하는 게 좋겠다'라고 권장하는 느낌이고, must는 '어떤 일을 꼭 해야 한다'는 피할 수 없는 강조(명령)의 표현이에요. should와 같은 표현으로 ☐를 쓰고, must와 같은 표현으로는 ☐을 써요.

4 조동사 can, may, should, must, had better 바로 뒤에 ☐을 붙여 부정문을 만들어요. 하지만, have to의 부정은 ☐를 써요.

REVIEW TARGET WORDS

🔊 주어진 단어의 철자/뜻을 쓰세요.

☐ _____	ⓥ 사용하다	☐ borrow	ⓥ _____
☐ _____	ⓐ 피곤한	☐ sick	ⓐ _____
☐ _____	진찰받다	☐ bicycle	ⓝ _____
☐ _____	ⓐ 늦은	☐ turtle	ⓝ _____
☐ _____	ⓝ 개구리	☐ turn	ⓥ _____
☐ _____	ⓝ 타조	☐ climb	ⓥ _____
☐ _____	ⓝ 가수	☐ wear	ⓥ _____
☐ _____	ⓐⓓ 정말로	☐ skinny	ⓐ _____
☐ _____	ⓥ 연습하다	☐ lie	ⓝ _____
☐ _____	ⓝ 건강	☐ lake	ⓝ _____

How many(much)/very, too/too many, too much

TARGET WORDS

🐑 알고 있는 단어를 check(✔) 후 뜻을 쓰고, 모르는 단어는 조사해 오세요!

☐ desk	ⓝ _____		☐ heavy	ⓐ _____
☐ lift	ⓥ _____		☐ noise	ⓝ _____
☐ cheese	ⓝ _____		☐ chair	ⓝ _____
☐ carry	ⓥ _____		☐ need	ⓥ _____
☐ bread	ⓝ _____		☐ city	ⓝ _____
☐ vase	ⓝ _____		☐ bottle	ⓝ _____
☐ piggy bank	_____		☐ candle	ⓝ _____
☐ basket	ⓝ _____		☐ suitcase	ⓝ _____
☐ jeans	ⓝ _____		☐ tight	ⓐ _____
☐ wear	ⓥ _____		☐ pollution	ⓝ _____
☐ noisy	ⓐ _____		☐ spoon	ⓝ _____
☐ fork	ⓝ _____		☐ plate	ⓝ _____
☐ chopsticks	ⓝ _____		☐ knife	ⓝ _____
☐ earth	ⓝ _____			

unit **12**

How many(much)/ very, too /
too many, too much가
뭐예요?

How many ~?와 How much ~?는 둘 다 어떤 (개)수나 양이 '얼마나 많은지'를 물어
보는 말이에요. How many는 반드시 셀 수 있는 명사와 쓰고, How much는 반드시
셀 수 없는 명사와 함께 써요.

How many books do you have?
얼마나 많은 책을 가지고 있니?

How much milk do you drink?
얼마나 많은 우유를 마시니?

How many(much)가 there be와 만나서 아주 잘 나가는 표현이 돼요. there be는 우
리말 '~가 있다'의 표현으로 배웠어요. 따라서, 'How many＋복수명사'는 셀 수 있는
명사이므로 'there are'와 함께 쓰고 'How much＋단수명사'는 셀 수 없는 명사이므
로 'there is'와 함께 쓰게 돼요.

How many books ＋ **there are** on the desk (긍정문)
얼마나 많은 책들 ＋ 책상 위에 있다

How many books ＋ **are there** on the desk? (의문문)
얼마나 많은 책들이 책상 위에 있니?

How much water ＋ **there is** on Earth (긍정문)
얼마나 많은 물 ＋ 지구에 있다

How much water ＋ **is there** on Earth? (의문문)
얼마나 많은 물이 지구에 있나요?

부사 very와 too는 모두 형용사 앞에 쓰여서 우리말 '너무(아주) ~한'의 뜻이에요. 뜻은 같지만 서로 약간의 차이가 있어요. very는 '어려움이나 문제가 있지만 가능하다'라는 의미를 나타내고, too는 '어려움이나 문제가 있어 불가능하다'라는 의미를 나타내요.

The box is very heavy, but Phil can lift it.
그 상자는 아주 무겁지만, Phil은 그것을 들 수 있다.

The box is too heavy. 그 상자는 너무 무겁다.
Phil can't lift it. Phil은 그것을 들 수 없다.

The coffee is too hot. 그 커피는 너무 뜨겁다.
➡ 부정적인 결과(**negative result**):
I can't drink it. 나는 커피를 마실 수가 없다.

too many와 too much는 지나치게 많은 수나 양을 나타낼 때 써요. too many 뒤에는 셀 수 있는 명사를 쓰고, too much 뒤에는 셀 수 없는 명사를 써요.

There are too many cars.
차가 너무 많다.

There is too much noise.
소음이 너무 많다. (너무 시끄럽다.)

---

1 **How many와 How much는 언제 쓰는 거예요?**

How many와 How much는 '얼마나 많은'의 뜻으로 어떤 수의 많음을 물어볼 때는

[　　　　　]를 쓰고, 어떤 양의 많음을 물어볼 때는 [　　　　　]를 써요.

How many apples do you want? 너는 얼마나 많은 사과를 원하니?
How much water do you drink? 당신은 물을 얼마나 많이 마시나요?

2 **How many는 there is, there are 중에 어떤 것을 써야 해요?**

'How many＋복수명사'는 [　　　　　]와 함께 쓰고, 'How much＋단수명

사'는 [　　　　　]와 함께 써요.

How many cups **are there** on the table? 테이블 위에 얼마나 많은 컵이 있니?
How much cheese **is there**? 치즈가 얼마나 있니?

3 **very와 too는 다른 건가요?**

둘 다 해석은 '너무(아주)'로 같지만 very는 '어려움이 있지만 할 수 [　　　]'를 내

포하고, too는 '어려움이나 문제가 있어 할 수 [　　　]'의 뜻을 내포하고 있어요.

Lucy is **too** young to drive. Lucy는 운전하기에 너무 어리다. (She cannot drive.)
This chair is **very** heavy, but she can carry it. 이 의자는 아주 무겁지만, 그녀가 옮길 수 있다.

4 **too many와 too much는 어떨 때 쓰는 건가요?**

어떤 수나 양이 생각했던 것보다 지나치게 많을 때 사용하는 거예요. too many 뒤

에는 [　　　　　]명사를 쓰고, too much 뒤에는 [　　　　　]명사를 써

야 해요.

There are **too many** students in the library. 도서관에 너무 많은 학생들이 있다.
There is **too much** rain. 너무 많이 비가 온다.

Exercise ①

 ( ) 안에서 알맞은 것을 고르세요.

(1)

How (many / much) appless do you want?

(2)

How (many / much) dictionaries do you have?

(3)

How much (sugars / sugar) do you need?

(4)

How much (moneys / money) does Jane want?

(5)

How (many / much) bread do they eat?

(6)

How (many / much) water do you drink?

(7)

How many (city / cities) did you visit?

(8)

How many (pencils / pencil) did he he buy?

 ( ) 안에서 알맞은 것을 고르세요.

(1)

How many flowers (is there / are there) in the vase?

(2)

How many (car / cars) are there on the street?

(3)

How much water (is there / are there) in the bottle?

(4)

How (many sugar / much sugar) is there?

(5)

How (many cheese / much cheese) is there?

(6)

How (much / many) money (is / are) there in the piggy bank?

(7)

How (many / much) (tigers / tiger) are there in the zoo?

(8)

How (much / many) apples (is / are) there in the basket?

1 주어진 상황에 맞게 (   ) 안에서 알맞은 것을 고르세요.

(1)

The suicase is (too / very) heavy,
but she can lift it.

(2)

The suitcase is (too / very) heavy.
She can't lift it.

(3)

The jeans are (too / very) tight,
but she can wear them.

(4)

The shoes are (too / very) big.
He can't wear them.

2 (   ) 안에서 알맞은 것을 고르세요.

(1)

There are (too many / too much)
people here.

(2)

Bill drinks (too many / too much)
milk.

(3)

(There is / There are) too much
pollution.

(4)

Lisa buys (too many / too much)
books.

unit 12 Jump Up

1 보기 와 같이 주어진 대답문을 참고하여 'How many+there be' 의문문을 만들어 보세요.

> 보기 How many books are there on the table? ➡ There are three books on the table.

(1) _____?

  ➡ There are four elephants in the zoo.

(2) _____?

  ➡ There are five rooms in my house.

(3) _____?

  ➡ There are three roses in the vase.

(4) _____?

  ➡ There are two teachers in the classroom.

2 주어진 단어를 활용하여 'too(or very)+형용사'로 문장을 완성하세요.

(1)

(heavy)

You can't lift the box. The box is

_____.

(2)

(young)

Steve can't drive a car. He is

_____.

(3)

(hot)

The soup is _____,
but Kelly can eat it.

(4)

(noisy)

I can't study at night. It is

_____.

Unit 12 Writing Activity

1 'How many+there be' 의문문을 만들고 그 대답도 영작하세요.

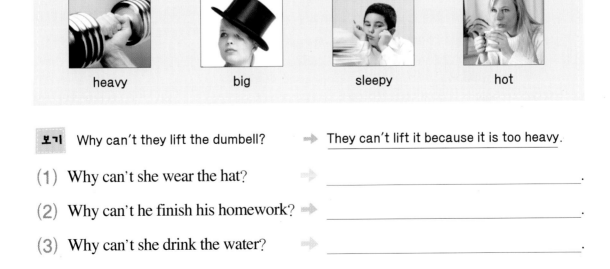

보기
How many spoons are there in this picture? (spoon)
➡ There are two spoons in this picture.

(1) _____ in this picture? (fork)
➡ _____ in this picture.

(2) _____ in this picture? (knife)
➡ _____ in this picture.

(3) _____ in this picture? (plate)
➡ There is a plate in this picture.

(4) Are there any chopsticks?
➡ No, _____.

2 보기 와 같이 'too+형용사' 를 이용하여 문장을 영작하세요.

heavy	big	sleepy	hot

보기 Why can't they lift the dumbell? ➡ They can't lift it because it is too heavy.

(1) Why can't she wear the hat? ➡ _____.

(2) Why can't he finish his homework? ➡ _____.

(3) Why can't she drink the water? ➡ _____.

Oral Test

1 How many와 How much는 '얼마나 많은'의 뜻으로 어떤 수의 많음을 물어볼 때는 [＿＿＿＿＿＿] 를 쓰고, 어떤 양의 많음을 물어볼 때는 [＿＿＿＿＿＿] 를 써요.

2 우리말 '얼마나 많이 ～가 있니?'라고 물어보는 표현인 'How many + 복수명사'는 [＿＿＿＿＿＿] 와 함께 쓰고, 'How much + 단수명사'는 [＿＿＿＿＿＿] 와 함께 써요.

3 very와 too 둘 다 '너무(아주)'의 뜻으로 같지만 very는 '어려움이 있지만 할 수 [＿＿＿]'를 내포하고, too는 '어려움이나 문제가 있어 할 수 [＿＿＿]'의 뜻을 내포하고 있어요.

4 too many 뒤에는 [＿＿＿＿＿＿] 명사를 쓰고, too much 뒤에는 [＿＿＿＿＿＿] 명사를 써야 해요.

REVIEW TARGET WORDS

주어진 단어의 철자/뜻을 쓰세요.

☐ desk	ⓝ ＿＿＿＿＿	☐ ＿＿＿＿＿	ⓐ 무거운
☐ lift	ⓥ ＿＿＿＿＿	☐ ＿＿＿＿＿	ⓝ 소음
☐ cheese	ⓝ ＿＿＿＿＿	☐ ＿＿＿＿＿	ⓝ 의자
☐ carry	ⓥ ＿＿＿＿＿	☐ ＿＿＿＿＿	ⓥ 필요하다
☐ bread	ⓝ ＿＿＿＿＿	☐ ＿＿＿＿＿	ⓝ 도시
☐ vase	ⓝ ＿＿＿＿＿	☐ ＿＿＿＿＿	ⓝ 병
☐ piggy bank	＿＿＿＿＿	☐ ＿＿＿＿＿	ⓝ 초
☐ basket	ⓝ ＿＿＿＿＿	☐ ＿＿＿＿＿	ⓝ 여행 가방
☐ jeans	ⓝ ＿＿＿＿＿	☐ ＿＿＿＿＿	ⓐ 꼭 끼는
☐ wear	ⓥ ＿＿＿＿＿	☐ ＿＿＿＿＿	ⓝ 오염
☐ noisy	ⓐ ＿＿＿＿＿	☐ ＿＿＿＿＿	ⓝ 숟가락
☐ fork	ⓝ ＿＿＿＿＿	☐ ＿＿＿＿＿	ⓝ 접시
☐ chopsticks	ⓝ ＿＿＿＿＿	☐ ＿＿＿＿＿	ⓝ 칼
☐ earth	ⓝ ＿＿＿＿＿		

School Life

주어진 단어를 이용하여 비교급 문장을 완성하세요. **1~3**

1

(old / young)

I am _____ _____ my dad.

My dad is _____ _____ me.

2

(short / tall)

Peter is _____ _____ Jane.

Jane is _____ _____ Peter.

3

(expensive / cheap)

The car is _____ _____ _____ the bicycle.

The bicycle is _____ _____ the car.

 ( ) 안에서 알맞은 것을 고르세요. **4~7**

4

(How much / How many) oranges (is there / are there) in the basket?

5

(How many / How much) cheese (is there / are there)?

6  How many (car / cars) (is there / are there) on the street?

7  How much (water / waters) (is there / are there) in the bottle?

 사진을 참고하여 비교급과 최상급을 만들어 보세요. 8~13

(big / small)

8 The soccer ball is _____ _____ the tennis ball.

9 The basket ball is _____ _____ of all.

10 The golf ball is _____ _____ of all.

11 The soccer ball is _____ _____ the basket ball.

12 The tennis ball is _____ _____ the soccer ball.

13 The tennis ball is _____ _____ the golf ball.

Progress Test ③

 주어진 표현을 이용하여 had better 또는 had better not이 들어간 문장을 완성하세요. **14~15**

> do exercise for your health   eat more

14

Lisa _____.

15

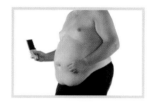

You _____

_____.

 must와 mustn't 를 이용하여 문장을 영작하세요. **16~17**

16

(you / smoke here)

_____.

17

(you / be quiet / in class)

_____.

주어진 단어를 활용하여 'very(too) + 형용사'로 문장을 완성하세요. 18~20

18

(hot)

The coffee is _____,
but she can drink it.

19

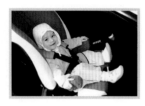

(young)

Scott can't drive a car.
He is _____.

20

(heavy)

The sofa is _____, but he can lift it.

주어에 알맞은 be동사를 이용하여 과거 진행형으로 바꿔 써보세요. **1~2**

1

He plays tennis.

➡ _____ .

2

We have dinner.

➡ _____ .

 다음 질문에 현재형 또는 현재 진행형을 구별해서 문장을 완성하세요. **3~4**

3

(TV / watch)

What is he doing?

➡ _____ .

4

(their car / wash)

What do they do on weekends?

➡ _____ .

주어진 우리말과 같도록 빈칸을 완성하세요. **5~7**

5 무슨 계절이니?

➡ _____ _____ is it?

6 지금 몇 시예요?

➡ _____ _____ is it now?

7 공원에서 학교까지 얼마나 머니?

➡ _____ _____ is it from the park to the school?

What 또는 How를 넣어 감탄문을 완성하세요. 8~11

8

_____ a good singer!

9

_____ funny she is!

10

_____ hungry she is!

11

_____ small shoes these are!

빈칸에 알맞은 부가의문문을 쓰세요. 12~15

12 She won the first prize, _____?

13 Tom likes basketball, _____?

14 She didn't like me, _____?

15 They are high school students, _____?

Final Test

사진과 일치하도록 비교급 문장을 완성하세요. **16~19**

big / small

fast / slow

tall / short

old / young

16 The left shoe _____ the right shoe.

17 The rabbit _____ the turtle.

18 He _____ her.

19 The woman _____ the man.

보기 와 같이 as … as 또는 not as … as 를 이용하여 문장을 완성하세요. **20~22**

보기

(fall / hot / summer)

➡ Fall is not as hot as summer.

20

(Scott (20) / old / Susan (20))

➡ Scott _____ .

21

(a bicycle / run / fast / a car)

➡ A bicycle _____ .

22

(spring / cold / winter)

➡ Spring _____ .

 주어진 단어를 활용하여 능동태, 수동태, 수동태 의문문 문장을 만들어 보세요. **23~24**

23 Tomas Edison / invent / the light bulb

➡ _____. (능동태)

➡ _____. (수동태)

➡ _____? (수동태 의문문)

24 Da Vinci / paint / the Mona Lisa

➡ _____. (능동태)

➡ _____. (수동태)

➡ _____? (수동태 의문문)

 보기 와 같이 How many, How much를 이용해 의문문을 만들고 그 대답도 영작하세요. **25~26**

보기

A: Do you want pizza?
B: Yes, I do.
A: How much pizza do you want?
B: I want three pieces of pizza. (three pieces of pizza)

25

A: Do you drink orange juice every day?

B: Yes, I do.

A: _____?

B: _____.

(four glasses of orange juice)

26

A: Does she eat apples every day?

B: Yes, she does.

A: _____ ?

B: _____ .

(three apples a day)

 and, but, or, so 중 알맞은 접속사를 쓰세요. **27~30**

27

She doesn't like him, _____ he doesn't like her.

28

Would you like coffee _____ tea?

29

It was very hot, _____ I opened the window.

30

An orange is sweet, _____ a lemon is sour.

 should와 shouldn't 를 사용하여 문장을 완성하세요. **31~32**

31 Nancy has got a bad cold.

➡ _____ . (eat / ice cream)

➡ _____ . (see / a doctor)

32 Scott couldn't sleep well last night.

➡ _____ . (drink / coffee)

➡ _____ . (drink / fresh juice)

와 같이 주어진 대답문을 참고하여 'How many + there be' 의문문을 만들어 보세요. **33~34**

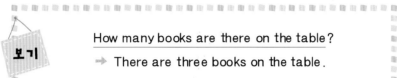

보기

How many books are there on the table?
➡ There are three books on the table.

33 _____ ?

➡ There are ten flowers in the vase.

34 _____ ?

➡ There are seven cars in the parking lot.

 사진을 참고하여 비교급과 최상급 문장을 완성하세요. **35~38**

(young / old)

Kathy: 14 years old
Bob: 17 years old
Steve: 13 years old

35 (비교급) Kathy is _____ _____ Bob.

36 (비교급) Bob is _____ _____ Steve.

37 (최상급) Steve is _____ _____ of the three.

38 (최상급) Bob is _____ _____ of the three.

보기와 같이 주어진 동사와 대답을 이용하여 과거 진행형 의문문을 완성하세요.

39~40

보기

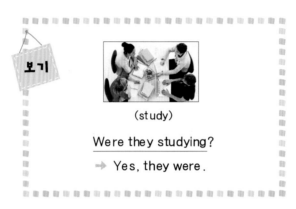

(study)

Were they studying?

➡ Yes, they were.

39

(listen to / music)

_____?

➡ Yes, she was.

40

(eat breakfast)

_____?

➡ Yes, they were.

정답 및 해설

unit 01 과거 진행형

Target Words & Review Words p. 13, 22

- ☐ badminton ⓝ 배드민턴
- ☐ write ⓥ 쓰다
- ☐ wait for ···를 기다리다
- ☐ begin ⓥ 시작하다
- ☐ hit ⓥ 치다, 때리다
- ☐ roller coaster 롤러코스터
- ☐ smoke ⓥ 담배 피우다
- ☐ heavily ⓐⓓ 몹시, 많이
- ☐ good at ~를 잘하다
- ☐ project ⓝ 자습과제
- ☐ dish ⓝ (큰) 접시
- ☐ cook ⓥ 요리하다
- ☐ letter ⓝ 편지
- ☐ snow ⓥ 눈이 오다
- ☐ work ⓥ 일하다
- ☐ visit ⓥ 방문하다
- ☐ earth ⓝ 지구
- ☐ pool ⓝ (수영용) 풀
- ☐ carpet ⓝ 카펫, 깔개
- ☐ wife ⓝ 아내, 부인
- ☐ jog ⓥ 조깅하다
- ☐ scarf ⓝ 스카프, 목도리
- ☐ take pictures 사진을 찍다
- ☐ draw a picture 그림을 그리다

Mini Test p. 16

1 진행
2 was / were

Exercise 1 p. 17

(1) drinking (2) reading (3) eating (4) raining
(5) writing (6) swimming (7) running
(8) listening (9) was coming

Exercise 2 p. 18

(1) was seeing (2) was writing
(3) was swimming (4) was beginning
(5) was working (6) was sitting (7) was making
(8) were listening (9) was comming
(10) were having (11) was hitting (12) were doing
(13) was stopping (14) were living
(15) was studying (16) were going
(17) was visiting (18) were running

Exercise 3 p. 19

1 (1) was eating (2) were having
  (3) was watching (4) were riding
2 (1) walks (2) moves (3) are having
  (4) is playing

Jump up! p. 20

1 (1) It was snowing heavily at that time.
  (2) My daddy was vacuuming the carpet at that time.
  (3) We were watching TV at that time.
  (4) They were washing the car at that time.
2 (1) play / is playing (2) helps / is helping

1 (1) 눈이 그때 많이 내리고 있었다.
  ➡ 주어는 It(3인칭 단수)이므로 be동사 was을 써서 was snowing으로 만든다.

(2) 우리 아버지는 그때 카펫을 진공청소기로 청소하고 있었다.

　➡ 주어는 3인칭 단수인 My daddy이므로 be동사 was을 써서 was vacuuming으로 만든다.

(3) 우리는 그때 TV를 보고 있었다.

　➡ 주어는 복수인 We이므로 be동사 were을 써서 were watching으로 만든다.

(4) 그들은 그때 차를 청소하고 있었다.

　➡ 주어는 복수인 They이므로 be동사 were을 써서 were washing으로 만든다.

2 (1) 내 친구 Bob이다. 그는 테니스를 아주 잘 한다. 그는 화요일 오후에 테니스를 친다. 이 사진에서 그는 그의 아내와 함께 테니스를 치고 있다.

　➡ 화요일마다 오후에 테니스를 친다는 것은 매주 일어나는 반복적인 행위이므로 현재형인 plays를 쓰고 사진에서 지금 테니스를 치고 있으므로 현재 진행형인 is playing을 쓴다.

(2) Susan은 초등학생이다. 그녀의 언니는 주로 그녀의 숙제를 도와준다. 이 사진에서 Susan의 언니는 과학 과제를 끝낼 수 있도록 그녀를 도와주고 있다.

　➡ 첫 번째 빈칸에서 빈도부사 usually(주로)는 현재시제와 함께 쓴다. 반복적이고 지속적으로 딸의 숙제를 도와 주고 있으므로 현재형인 helps를 쓰고 사진에서 보이는 행위를 눈으로 보고 말하므로 두 번째 빈칸은 현재 진행형인 is helping을 쓴다.

1 (1) she was eating breakfast.
　(2) she was cleaning her house.
　(3) she was waiting for a train.

2 (1) He is holding a dish.
　(2) He watches TV.
　(3) She is wearing a scarf.
　(4) She has orange juice.

1 (1) 8:50분에 그녀는 아침을 먹고 있었다.

　➡ 어제 8시 50분에 진행 중이었던 동작이므로 She was eating breakfast.로 과거 진행형을 만든다.

(2) 11:30분에 그녀는 집청소를 하고 있었다.

　➡ 어제 11시 30분에 진행 중이었던 동작이므로 she was cleaning her house.로로 과거 진행형을 만든다.

(3) 12:00에 그녀는 기차를 기다리고 있었다.

　➡ 어제 12시에 진행 중이었던 동작이므로 she was waiting for a train.으로 과거 진행형을 만든다.

2 (1) 그는 무엇을 하고 있니? – 그는 접시를 들고 있다.

　➡ 현재 진행형이므로 주어 He를 이용하여 He is holding a dish.로 현재 진행형을 만든다.

(2) 저녁에 Bob은 뭐하니? – 그는 TV를 시청해.

　➡ 어제도 오늘도 앞으로 저녁마다 일어나는 반복적인 행위이므로 현재시제를 써서 He watches TV.로 문장을 완성한다.

(3) 그녀는 무엇을 입고 있니? - 그녀는 스카 프를 하고 있어.

➡ 현재 진행형이므로 주어 She를 이용하여 She is wearing a scarf.로 현재 진행형 을 만든다.

(4) Mary는 아침으로 무엇을 먹니? - 그녀는 오렌지 주스를 마셔.

➡ 아침마다 행해지는 반복적인 일을 묻고 있으므로 현재시제를 이용하여 She has orange juice.로 문장을 만든다.

Oral Test   p. 22

1 진행
2 was / were

unit 02 과거 진행형의 부정문/의문문

Target Words & Review Words   p. 23, 32

☐ jog ⓥ 조깅하다   ☐ library ⓝ 도서관
☐ draw ⓥ (그림을) 그리다 ☐ magazine ⓝ 잡지
☐ wait for ~을 기다리다   ☐ brush ⓥ 닦다, 솔질하다
☐ clean ⓥ 청소하다   ☐ sea ⓝ 바다
☐ bench ⓝ 벤치, 긴 의자   ☐ Japanese ⓝ 일본어
☐ fish ⓥ 낚시질 하다   ☐ river ⓝ 강
☐ paint ⓥ 페인트 칠하다   ☐ fight ⓥ 싸우다
☐ garden ⓝ 정원   ☐ cook ⓥ 요리하다
☐ learn ⓥ 배우다   ☐ yoga ⓝ 요가
☐ tea ⓝ (마시는) 차   ☐ floor ⓝ 방바닥, 마루
☐ look for ~을 찾다, 구하다
☐ do the dishes 설거지를 하다

Mini Test   p. 26

1 not
2 앞
3 대명사

Exercise 1   p. 27

(1) wasn't (2) weren't (3) wasn't (4) wasn't
(5) wasn't (6) wasn't (7) wasn't (8) weren't
(9) Was (10) Were (11) Was (12) Were
(13) Were (14) Was (15) Were

Exercise 2   p. 28

(1) wasn't / was talking
(2) wasn't / was sleeping
(3) weren't / were eating
(4) wasn't / was learning
(5) weren't / were sitting

Exercise 3   p. 29

1 (1) Was he swimming? (2) Was she drinking
  (3) Were they watching
2 (1) No, they weren't (2) Yes, he was.
  (3) No, they weren't. (4) Yes, they were.

Jump up!   p. 30

1 (1) Kathy wasn't waiting for a train.
  (2) They weren't walking in the park.
  (3) Was Peter washing his car? / he was
  (4) Were they riding their bicycles? /

they weren't
2 (1) was drinking tea (2) were playing soccer
(3) was dancing

---

1 (1) Kathy는 기차를 기다리고 있지 않았다.
➡ 주어가 3인칭 단수(Kathy)이므로 be동사 과거 was를 써서 wasn't waiting for ~로 문장을 완성한다.

(2) 그들은 공원에서 걷고 있지 않았다.
➡ 주어가 3인칭 복수(they)이므로 be동사 과거 were+not을 이용하여 weren't walking~으로 문장을 완성한다.

(3) Peter는 그의 차를 세차하고 있었니? / 응, 그래.
➡ 주어가 3인칭 단수(Peter)이므로 be동사 과거 was를 문장 맨 앞에 써서 Was Peter washing~?으로 의문문을 만들고 긍정 대답이므로 Yes, he was.로 대답한다.

(4) 그들은 자전거를 타고 있었니? / 아니, 그렇지 않아.
➡ 주어가 3인칭 복수(they)이므로 be동사 과거 were을 문장 맨 앞에 써서 Were they riding~?으로 의문문을 만들고 부정 대답이므로 No, they weren't.로 대답한다.

2 (1) 그는 무엇을 하고 있었니? – 그는 차를 마시고 있었어.
➡ 주어가 3인칭 단수(He)이므로 be동사 was를 써서 was drinking tea로 문장을 완성한다.

(2) 그들은 무엇을 하고 있었니? – 그들은 축구를 하고 있었어.
➡ 주어가 3인칭 복수(they)이므로 be동사 were를 써서 were playing soccer로 문장을 완성한다.

(3) 그녀는 무엇을 하고 있었니? – 그녀는 춤을 추고 있었어.
➡ 주어가 3인칭 단수(She)이므로 be동사 was를 써서 was dancing으로 문장을 완성한다.

Writing Activity
p. 31

1 (1) she wasn't / She was waiting for a train.
(2) she wasn't / She was eating breakfast.
(3) she wasn't / She was washing the car.
2 (1) Was Lisa sleeping? / She was washing her hands.
(2) Was Susan singing? / She was cleaning the floor.

---

1 (1) 그녀는 12:10분에 책을 읽고 있었니? – 아니.
뭐 하고 있었는데? – 그녀는 기차를 기다리고 있었어.
➡ 부정의 대답이므로 주어 she를 그대로 이용하여, No, she wasn't.로 답하고, 12:10분에는 기차를 기다리고 있었으므로 주어 She를 쓰고 be동사 was를 이용하여 She was waiting for a train.으로 대답한다.

(2) 그녀는 8:30분에 노래를 하고 있었니? – 아니.
뭐하고 있었는데? – 그녀는 아침식사를

하고 있었어.

➡ 부정의 대답이므로 No, she wasn't.로 답하고, 8:30분에는 아침식사를 하고 있는 상황이므로 She was eating breakfast.로 대답한다.

(3) 그녀는 11:30분에 춤을 추고 있었니? – 아니.

뭐하고 있었는데? – 그녀는 차를 세차하고 있었어.

➡ 부정의 대답이므로 No, she wasn't.로 답하고 11:30분에는 차를 세차하고 있는 상황이므로 She was washing the car.로 대답한다.

2 (1) Lisa는 자고 있었니? – 아니. 그녀는 손을 씻고 있었어.

➡ 주어(Lisa)가 3인칭 단수이므로 be동사 was를 문장 맨 앞에 써서 Was Lisa sleeping?으로 의문문을 만들고 대답은 주어를 대명사 She로 바꿔서 She was washing her hands.로 대답한다.

(2) Susan은 노래를 부르고 있었니? – 아니. 그녀는 바닥을 청소하고 있었어.

➡ 주어(Susan)가 3인칭 단수이므로 be동사 was를 문장 맨 앞에 써서 Was Susan singing?으로 의문문을 만들고 대답은 주어를 대명사 She로 바꿔서 She was cleaning the floor.로 대답한다.

Oral Test
p. 32

1 not
2 was / were

---

unit 03 비인칭 주어 it

Target Words & Review Words
p. 33, 42

- [ ] weather ⓝ 날씨
- [ ] season ⓝ 계절
- [ ] January ⓝ 1월
- [ ] July ⓝ 7월
- [ ] far ⓐⓓ 멀리
- [ ] March ⓝ 3월
- [ ] rainy ⓐ 비가 오는
- [ ] windy ⓐ 바람이 센
- [ ] on foot 걸어서, 도보로
- [ ] February ⓝ 2월

- [ ] hot ⓐ 더운, 뜨거운
- [ ] Wednesday ⓝ 수요일
- [ ] month ⓝ 달(월)
- [ ] quarter ⓝ 4분의 1, 15분
- [ ] dark ⓐ 어두운
- [ ] sunny ⓐ 햇빛 밝은
- [ ] stormy ⓐ 폭풍(우)의
- [ ] snowy ⓐ 눈이 내리는
- [ ] December ⓝ 12월
- [ ] October ⓝ 10월

Mini Test
p. 36

2 1 날씨 2 계절 3 시간 4 요일 5 날짜

Exercise 1
p. 37

(1) It is rainy. (2) It is hot. (3) It is stormy.
(4) It is windy. (5) It is snowy.

Exercise 2
p. 38

1 (1) 비인칭 (2) 대명사 (3) 비인칭 (4) 비인칭
(5) 비인칭 (6) 비인칭 (7) 대명사 (8) 비인칭
(9) 대명사

2 (1) It's five fifteen. (2) It's Sunday.
(3) It's 2010. (4) It's January.
(5) It's spring here.

Exercise 3
 p 39

(1) ①　(2) ②　(3) ②　(4) ①　(5) ①

Jump up!
p 40

1 (1) day　(2) time　(3) What's　(4) date
　　(5) How far
2 (1) What season　(2) What time
　　(3) How far　(4) What year
　　(5) What month

1 (1) 며칠 이니? – 화요일이야.
　　➡ 요일을 물어보므로 day를 쓴다.
　(2) 몇시니? – 10시야.
　　➡ 시간을 물어보므로 time을 쓴다.
　(3) 날씨가 어떠니? – 오늘 추워.
　　➡ What is (what's)를 쓴다. How를 쓸 때
　　는 How is the weather?로 물어본다.
　(4) 오늘 며칠이니? – 3월 15일이야.
　　➡ 날짜를 물어보므로 date를 쓴다.
　(5) 여기서 도서관까지 얼마나 머니?
　　➡ 거리를 물어보므로 How far를 쓴다.
2 (1) ➡ 계절을 물어보므로 What season으로
　　의문문을 만든다.
　(2) ➡ 시간을 물어보므로 What time으로 의
　　문문을 만든다.
　(3) 거리를 물어보므로 How far로 의문문을
　　만든다.
　(4) 년도를 물어보므로 What year로 의문문을
　　만든다.
　(5) 달(월)을 물어보므로 What month로 의문
　　문을 만든다.

Writing Activity
p 41

1 (1) It's September.
　　(2) It's 2010. (It's two thousand and ten.)
　　(3) It's Monday.
　　(4) It's September 10th.
2 (1) When is Christmas? → It's on December
　　25th.
　　(2) When is Valentine's Day? → It's on
　　February 14th.
　　(3) When is Halloween? → It's on October
　　31th.

1 (1) 몇 월이니? – 9월이야.
　　➡ 월(달)을 물어보므로 비인칭주어 it을
　　사용하여 It is September.로 답하면 된
　　다.
　(2) 몇 년도이니? – 2010년도야.
　　➡ 년도를 물어보므로 비인칭주어 it을 사
　　용하여 It is 2010.으로 답하면 된다.
　(3) 오늘이 며칠이니? – 월요일이야.
　　➡ 요일을 물어보므로 비인칭주어 it을 사
　　용하여 It's Monday.로 답하면 된다.
　(4) 오늘이 며칠이니? – 9월 10일이야.
　　➡ 날짜를 물어보므로 비인칭주어 it을 사
　　용하여 It's September 10th.로 답하면
　　된다.
2 (1) 크리스마스는 언제니? – 12월 25일이야.
　(2) 밸런타인 데이는 언제니? 2월 14일이야.
　(3) 할로윈은 언제니? – 10월 31일이야.
　　➡ 의문사 When을 문장 맨 앞에 써서
　　'When+be동사+주어?'로 의문문을
　　만들고 대답은 비인칭 주어 It을 사용하

여 주어로 하여 It's~로 답하면 된다. 여기서 전치사 on을 쓰는 이유는 앞서 배운 시간의 전치사에서 보았듯이, 특정한 날 앞에는 시간의 전치사 on을 쓴다.

Oral Test p. 42

1 비인칭 주어
2 time
3 How / What
4 day
5 What
6 season
7 How long / How far

unit 04 감탄문/부가의문문

Target Words & Review Words p. 43, 52

☐ puppy ⓝ 강아지
☐ hospital ⓝ 병원
☐ nurse ⓝ 간호사
☐ musician ⓝ 음악가
☐ idea ⓝ 생각
☐ rose ⓝ 장미
☐ delicious ⓐ 맛있는
☐ rich ⓐ 부유한
☐ cheap ⓐ (값)싼
☐ lazy ⓐ 게으른
☐ farmer ⓝ 농부
☐ exciting ⓐ 흥미진진한, 재미있는
☐ cute ⓐ 귀여운
☐ hungry ⓐ 배고픈
☐ funny ⓐ 웃기는
☐ old ⓐ 오래된, 늙은
☐ interesting ⓐ 재미있는
☐ dirty ⓐ 더러운
☐ sad ⓐ 슬픈
☐ trust ⓥ 신뢰하다, 믿다
☐ laptop ⓝ 휴대용 컴퓨터
☐ diligent ⓐ 부지런한

Mmi Test p. 46

2 What / How
3 1 부정 2 긍정

Exercise 1 p. 47

1 (1) What (2) How (3) How (4) What
2 (1) isn't he (2) weren't you (3) doesn't he
   (4) do they (5) didn't she (6) does she

Exercise 2 p. 48

1 (1) What an old toy it is!
   (2) What a beautiful girl she is!
   (3) What a good idea it is!
   (4) What beautiful roses they are!
   (5) What an interesting book this is!
2 (1) aren't they (2) doesn't she
   (3) does she (4) can't you

Exercise 3 p. 49

1 (1) How kind she is! (2) How old they are!
   (3) How dirty his feet are!
   (4) How delicious this cake is!
   (5) How cute the baby is!
2 (1) she (2) she (3) they (4) he (5) she

Jump up! p. 50

1 (1) What a nice car! (2) What a kind nurse!
   (3) How cheap! (4) How lazy
2 (1) You don't smoke, do you?

(2) Sunny can't drive, can she?

(3) can speak English, can't she

1 (1) 그것은 정말 멋진 차이다. – 정말 멋진 차구나!

➡ 명사(car)가 있으므로 What을 이용한 감탄문으로 바꾼다. What을 문장 맨 앞에 쓰고 나머지 단어를 그대로 뒤에 붙여주기만 하면 된다.

(2) 그녀는 매우 친절한 간호사이다. – 정말 친절한 간호사구나!

➡ 명사(nurse)가 있으므로 What을 이용한 감탄문으로 바꾼다. very를 What으로 바꿔 문장 맨 앞에 위치시키고 나머지 단어를 그대로 뒤에 써주기만 하면 된다.

(3) 이 휴대용 컴퓨터는 매우 싸다. – 정말 싸구나!

➡ 형용사(cheap)가 있으므로 How를 이용한 감탄문으로 만든다. very를 How로 고쳐 문장 맨 앞에 두고 very 뒤에 있는 형용사 cheap가 그대로 뒤에 오면 된다.

(4) 그녀는 매우 게으르다. – 정말 게으르구나!

➡ 형용사(lazy)가 있으므로 How를 이용한 감탄문으로 바꾼다. very를 How로 고쳐 문장 맨 앞에 쓰고 형용사(lazy)를 바로 뒤에 붙여주기만 하면 된다.

2 (1) ➡ 상대방(당신)에게 말하므로 주어는 you를 사용한다. 따라서 You don't smoke, do you?로 부가의문문을 만든다.

(2) ➡ '운전을 못한다'의 표현은 can't drive로 쓰면 된다. 부가의문문은 반대이므로 긍정인 can she?로 부가의문문을 만든다.

(3) ➡ 긍정이므로 can speak English로 쓰고 부가의문문은 반대이므로 can't she?로 문장을 완성한다.

1 (1) He is sometimes late for school, isn't he?

(2) Tom can play the guitar, can't he?

(3) She didn't like Peter, did she?

(4) Kelly doesn't drink coffee, does she?

(5) They like hamburgers, don't they?

2 (1) How beautiful her eyes are!

(2) What long hair she has!

(3) What an exciting game it is!

(4) How diligent the farmer is!

1 (1) 그는 때때로 학교에 늦나요? – 그는 때때로 학교에 늦는다, 그렇지 않니?

➡ 평서문으로 다시 만들고 긍정이므로 부가의문문은 isn't he?로 쓴다.

(2) Tom은 기타를 연주할 수 있니? – Tom은 기타를 연주할 수 있다, 그렇지 않니?

➡ 평서문으로 다시 만들고 긍정이므로 부가의문문은 반대인 can't he?로 쓴다.

(3) 그녀는 Peter를 좋아하지 않았지? – 그녀는 Peter를 좋아하지 않았다, 그렇지?

➡ 평서문으로 다시 만들고 부정문이므로 부가의문문은 반대인 did she?로 쓴다.

(4) Kelly는 커피를 마시지 않지? – Kelly는 커피를 마시지 않는다, 그렇지?

➡ 평서문으로 다시 만들고 부정문이므로

부가의문문은 반대인 does she?로 쓴
다.

(5) 그들은 햄버거를 좋아하니? – 그들은 햄버
거를 좋아한다, 그렇지 않니?

➡ 평서문으로 다시 만들고 긍정문이므로
부가의문문은 반대인 don't they?로 쓴
다.

2 (1) 정말 아름다운 눈이구나!

➡ 형용사(beautiful)이 있으므로 How를
이용한 감탄문으로 만든다. How 뒤에
형용사를 쓰고 주어+동사를 붙인다.
주어가 복수(eyes)이므로 be동사 are를
쓴다.

(2) 정말 긴 머리를 가지고 있구나!

➡ 명사(hair)가 있으므로 What을 이용한
감탄문으로 만든다. What long hair를
쓰고 뒤에 주어와 동사를 붙인다.

(3) 정말 재미있는 게임이구나!

➡ 명사(game)이 있으므로 What을 이용한
감탄문으로 만든다. What an exciting
game을 쓰고 주어와 동사를 붙인다.

(4) 정말 부지런한 농부구나!

➡ 형용사(diligent)가 있으므로 How를 이
용한 감탄문으로 만든다. How 뒤에 형
용사인 diligent를 붙이고 주어, 동사인
the farmer is를 뒤에 써준다. 주어가 단
수(the farmer)이므로 be동사 is를 쓴다.

Oral Test
p.52

1 What / How
2 부정 / 긍정

Progress Test 1
p.54

1 Karen was eating an apple.
2 They were having dinner.
3 Bob was swimming in the pool.
4 Kevin was watching TV.
5 day   6 far   7 year
8 How far   9 Yes, she was.
10 No, they weren't.   11 No, she wasn't.
12 Yes, he was.
13 Was your mom playing the piano? / She was playing the violin.
14 Was Bob reading a magazine? / He was reading a newspaper.
15 isn't she   16 didn't she   17 can he
18 What beautiful roses they are!
19 How kind the dentist is!
20 What a nice car this is!

unit 05   many, much/a lot of, lots of

Target Words & Review Words
p.57, 66

☐ drink ⓥ 마시다	☐ food ⓝ 음식
☐ leaves ⓝ leaf(나뭇잎)의 복수	☐ bread ⓝ 빵
☐ problem ⓝ 문제	☐ tea ⓝ (마시는) 차
☐ ant ⓝ 개미	☐ toy ⓝ 장난감
☐ sugar ⓝ 설탕	☐ information ⓝ 정보
☐ policeman ⓝ 경찰관	☐ fail ⓥ 실패(낙제)하다
☐ exam ⓝ 시험	☐ thief ⓝ 도둑
☐ catch ⓥ 붙잡다	☐ travel ⓥ 여행하다

□ country ⓝ 나라, 국가 　　□ put ⓥ 넣다
□ refrigerator ⓝ 냉장고 　　□ meat ⓝ 고기
□ panda ⓝ (동물) 판다 　　□ bottle ⓝ 병

Mini Test　　p. 60

1 many / much
2 셀 수 있는 명사 / 셀 수 없는 명사
3 셀 수 있는 / 셀 수 없는 / 부정문 / 의문문

Exercise 1　　p. 61

(1) much　(2) many　(3) many　(4) much
(5) many　(6) much　(7) much　(8) many
(9) much

Exercise 2　　p. 62

(1) many　(2) much　(3) a lot of　(4) many
(5) much　(6) lots of　(7) much　(8) a lot of

Exercise 3　　p. 63

1 (1) toys　(2) Is　(3) food　(4) sugar
　(5) information　(6) people　(7) students
　(8) books　(9) thieves　(10) animals
2 (1) many　(2) many　(3) much　(4) much
　(5) many　(6) many

Jump up!　　p. 64

(1) many books　(2) much money
(3) much sugar　(4) much milk
(5) many questions　(6) much fruit

(1) 나는 책을 많이 읽지 않는다. 나는 책을 많이 가지고 있지 않다.
　➡ books는 셀 수 있는 명사이므로 many books로 쓴다.
(2) 그들은 많은 돈을 가지고 있지 않다.
　➡ money는 셀 수 없는 명사이므로 much money로 쓴다.
(3) Nancy는 커피에 설탕을 많이 넣지 않는다.
　➡ sugar는 셀 수 없는 명사이므로 much sugar로 쓴다.
(4) 냉장고 안에 우유가 많이 있니?
　➡ milk는 셀 수 없는 명사이므로 much milk로 쓴다.
(5) 나는 당신에게 물어볼 질문이 많이 있다.
　➡ questions는 셀 수 있는 명사이므로 many questions로 쓴다.
(6) 당신은 주로 그 시장에서 많은 과일을 삽니까?
　➡ fruit는 셀 수 없는 명사이므로 much fruit로 쓴다.

Writing Activity　　p. 65

1 (1) Jennifer doesn't eat much meat.
　(2) Do you drink much green tea?
　(3) It was a cold winter. We had much snow.
　(4) Did you see many pandas in the zoo?
　(5) We visited many cities in Korea.
2 (1) There isn't much snow in the street.
　(2) My mom doesn't use much salt for cooking.
　(3) He doesn't have many friends.

1 (1) Jennifer는 고기를 많이 먹지 않는다.

➡ meat(고기)는 셀 수 없는 명사이므로 a lot of meat를 much meat로 바꿔 쓴다.

(2) 당신은 녹차를 많이 마시나요?

➡ green tea(녹차)는 셀 수 없는 명사이므로 a lot of green tea를 much green tea로 바꿔 쓴다.

(3) 추운 겨울이었다. 눈이 많이 왔었다.

➡ snow(눈)는 셀 수 없는 명사이므로 a lot of snow를 much snow로 바꿔 쓴다.

(4) 동물원에서 많은 판다를 봤니?

➡ pandas(판다)는 셀 수 있는 명사이므로 a lot of pandas를 many pandas로 바꿔 쓴다.

(5) 우리는 한국에 있는 많은 도시를 방문했다.

➡ cities(도시들)은 셀 수 있는 명사이므로 a lot of cities를 many cities로 바꿔 쓴다.

2 (1) There is의 부정문인 There isn't로 만들고 snow는 셀 수 없는 명사이므로 much snow로 쓴다.

(2) uses의 부정인 doesn't use(주어 3인칭 단수이므로)로 만들고 salt는 셀 수 없는 명사이므로 much salt로 쓴다.

(3) has의 부정인 doesn't have(주어 3인칭 단수이므로)로 만들고 friends는 셀 수 있는 명사이므로 many friends로 쓴다.

Oral Test
p. 66

1 many / much
2 many / much
3 단수
4 a lot of / lots of
5 부정문 / 의문문

unit 06　의문부사

Target Words & Review Words
p. 67, 76

☐ stay ⓥ 머무르다
☐ airport ⓝ 공항
☐ buy ⓥ 사다, 구입하다
☐ use ⓥ 사용하다
☐ city ⓝ 도시
☐ ruler ⓝ 자
☐ river ⓝ 강
☐ vacation ⓝ 방학, 휴가
☐ teeth ⓝ tooth(이)의 복수
☐ bridge ⓝ 다리
☐ go shopping 쇼핑하러 가다
☐ need ⓥ 필요하다
☐ sugar ⓝ 설탕
☐ uncle ⓝ 삼촌
☐ go fishing 낚시하러 가다
☐ sing ⓥ 노래하다
☐ brush ⓥ 닦다

Mini Test
p. 70

1 How many / How much
2 셀 수 있는 / 셀 수 없는 / How much
3 How tall / How long / How old / How far / How often

Exercise 1
p. 71

(1) many　(2) many　(3) much　(4) much
(5) much　(6) much　(7) many　(8) many

Exercise 2
p. 72

1 (1) tall　(2) old　(3) long　(4) far　(5) often
2 (1) How tall is your brother?
(2) How long is the river?　(3) How far is it?
(4) How long is the movie?
(5) How far is the bus stop from here?
(6) How often do you go to the movies?

Exercise 3
p. 73

(1) much food   (2) much rice   (3) many girls
(4) many eggs   (5) much cheese

Jump up!
p. 74

1 (1) How tall   (2) How old   (3) How far
(4) How high   (5) How long   (6) How often
2 (1) How much water does Peter drink?
(2) How much money does Kelly have?
(3) How many bananas does Wilson want?
(4) How much butter do they buy?

1 (1) 키가 얼마나 되니? – 175센티미터야.
➡ 175센티미터라는 키를 대답하므로 How tall을 쓴다.
(2) 네 엄마는 나이가 몇 살이니? – 50살이셔.
➡ 나이를 대답하므로 How old를 쓴다.
(3) 여기에서 너의 집까지 얼마나 되니? – 대략 15킬로미터야.
➡ 거리를 대답하고 있으므로 How far를 쓴다.
(4) 에베레스트 산은 얼마나 높니? – 대략 9,000미터야.
➡ 높이를 대답하므로 How high를 쓴다.
(5) 겨울 방학은 얼마나 되니? – 약 8주 정도야.
➡ 기간을 대답하므로 How long을 쓴다.
(6) Bob은 얼마나 자주 이를 닦니? – 하루에 세 번 닦아.
➡ 횟수나 빈도를 대답하므로 How often을 쓴다.

2 (1) Peter는 얼마나 많은 물을 마시니?
➡ Peter drinks water.를 의문문으로 만들면 Does Peter drink water?가 된다. 여기서 water에 How much를 붙여 How much water를 만들고 문장 맨 앞에 쓰면 된다.
(2) Kelly는 얼마나 많은 돈을 가지고 있니?
➡ Kelly has money.를 의문문으로 만들면 Does Kelly have money?가 된다. 여기서 money에 How much를 붙여 How much money를 만들고 문장 맨 앞에 쓰면 된다.
(3) Wilson은 얼마나 많은 바나나를 원하니?
➡ Wilson wants bananas.를 의문문으로 만들면 Does Wilson want bananas?가 된다. 여기서 bananas에 How many를 붙여 How many bananas를 만들고 문장 맨 앞에 쓰면 된다.
(4) 그들은 얼마나 많은 버터를 사니?
➡ They buy butter.를 의문문으로 만들면 Do they buy butter?가 된다. 여기서 butter에 How much를 붙여 How much butter를 만들고 문장 맨 앞에 쓰면 된다.

Writing Activity
p. 75

1 (1) How many chickens does he raise?
(2) How many apples does she eat?
(3) How much pizza does she want?
2 (1) How tall are you?
(2) How heavy is this computer?
(3) How old are you
(4) How often do you watch TV?

1 (1) ➡ chickens는 셀 수 있는 명사이므로 How many chickens로 만들고 주어 he와 동사 raises를 이용하여 does he raise?로 만든다. 이를 합치면 How many chickens does he raise?가 된다.

(2) ➡ apples는 셀 수 있는 명사이므로 How many apples로 만들고 주어 she와 동사 eat를 이용하여 does she eat? 의문문을 만든다. 이 둘을 합치면 How many apples does she eat?가 완성된다.

(3) ➡ pizza는 셀 수 없는 명사이므로 How much pizza로 만들고 주어 she와 동사 wants를 이용하여 does she want?로 만든다. 이를 합치면 How much pizza does she want?의 의문문이 완성된다.

2 (1) 너는 키가 몇이나 되니? 160이니?

➡ 키를 묻고 있으므로 tall을 이용한 How tall are you?의 의문문을 만든다.

(2) 이 컴퓨터는 얼마나 무겁니? 10킬로그램, 아님 20킬로그램 정도 되니?

➡ 무게를 묻고 있으므로 형용사 heavy를 이용해 How heavy is this computer?로 의문문을 만든다.

(3) 너는 나이가 어떻게 되니? 15살? 16살?

➡ 나이를 묻고 있으므로 형용사 old를 이용해 How old are you?로 의문문을 만든다.

(4) 너는 TV를 얼마나 자주 보니? 매일 보니? 아님 일주일에 3번 정도 보니?

➡ 횟수를 묻고 있으므로 부사 often을 이용해 How often do you watch TV?로 의문문을 만든다.

Oral Test   p. 76

1 How many / How much
2 셀 수 있는 / 셀 수 없는 / How much
3 How tall / How long / How old / How far / How often

---

 unit 07   수동태

Target Words & Review Words   p. 77, 86

☐ broke ⓥ 깨다(break)의 과거	☐ clean ⓥ 청소하다
☐ letter ⓝ 편지	☐ picture ⓝ 그림, 사진
☐ fix ⓥ 고치다	☐ open ⓥ 열다
☐ speak ⓥ 말하다	☐ steal ⓥ 훔치다
☐ find ⓥ 찾다, 발견하다	☐ build ⓥ 짓다, 건설하다
☐ catch ⓥ (붙)잡다	☐ teach ⓥ 가르치다
☐ thief ⓝ 도둑	☐ bridge ⓝ 다리
☐ teenager ⓝ 청소년	☐ visit ⓥ 방문하다
☐ museum ⓝ 박물관	☐ accident ⓝ 사고
☐ report ⓝ 보고서, 기사	☐ light bulb 백열전구

Mini Test   p. 80

1 be동사 + 과거분사
2 not / be동사

Exercise 1　　p. 81

(1) studied / studied　(2) bought / bought

(3) made / made　(4) spoke / spoken

(5) stole / stolen　(6) taught / taught

(7) found / found　(8) gave / given

(9) drove / driven　(10) played / played

(11) loved / loved　(12) opened / opened

(13) did / done　(14) ate / eaten

(15) broke / broken　(16) caught / caught

(17) built / built

Exercise 2　　p. 82

(1) was written　(2) was made　(3) was

(4) love　(5) her　(6) is done　(7) was caught

(8) is eaten

Exercise 3　　p. 83

1 (1) was not　(2) Were　(3) was not

(4) am not　(5) Was　(6) is not

2 (1) was built　(2) was written

(3) are played　(4) is visited

Jump up!　　p. 84

1 (1) The work was not finished by Steve. / Was
the work finished by Steve? / it was

(2) The window was not broken by them. /
Was the window broken by them? / it
wasn't

(3) The books are not read by many people. /
Are the books read by many people? /
they aren't

2 (1) We are loved by the teacher.

(2) The report was written by Scott.

(3) English is spoken by a lot of people.

(4) Karen's book was stolen by a thief.

(5) The mouse was killed by the cat.

1 (1) 그 일은 Steve에 의해 끝내졌다. / 그 일은
Steve에 의해 끝나지 못했다. / 그 일은
Steve에 의해 끝내졌나요? – 네, 그래요.

➡ 부정문은 be동사 was 뒤에 not을 쓰고
의문문은 Was를 문장 맨 앞으로 보내
기만 하면 된다. 의문문에 대한 대답은
주어가 the work(3인칭 단수)므로 Yes,
it was.로 대답한다.

(2) 그 창문은 그들에 의해 깨졌다. / 그 창문
은 그들에 의해 깨지지 않았다. / 그 창문
은 그들에 의해 깨졌나요? – 아니오, 그렇
지 않아요.

➡ 부정문은 be동사 was 뒤에 not을 쓰고
의문문은 Was를 문장 맨 앞으로 보내
기만 하면 된다. 의문문에 대한 대답은
주어가 the window (3인칭 단수)이므
로 No, it wasn't.로 답한다.

(3) 그 책들은 많은 사람들에 의해 읽혀진다. /
그 책들은 많은 사람들에 의해 읽혀지지
않는다. / 그 책들은 많은 사람들에 의해
읽혀지나요? – 아니오, 그렇지 않아요.

➡ 부정문은 be동사 are 뒤에 not을 붙이
고 의문문은 Are을 문장 맨 앞으로 보
내기만 하면 된다. 의문문에 대한 대답
은 주어가 3인칭 복수(books)이므로
No, they aren't.로 답한다.

2 (1) 그 선생님은 우리를 사랑한다. - 우리는 그 선생님에 의해 사랑을 받는다.

➡ 목적어 us를 주어로 쓰고 동사를 are loved로 쓴다. 주어가 We가 되므로 be 동사 are을 쓴다. 원래 주인 the teacher 를 by the teacher로 써서 문장 맨 뒤로 보낸다.

(2) Scott이 그 보고서를 썼다. - 그 보고서는 Scott에 의해 쓰여졌다.

➡ 목적어 the report를 주어에 쓰고 동사는 주어가 단수이므로 was written으로 쓴다. 원래 주어인 Scott은 by Scott으로 고쳐 문장 맨 뒤로 보낸다.

(3) 많은 사람들이 영어를 말한다. - 영어는 많은 사람들에 의해서 말해진다.

➡ 목적어 English를 주어로 쓰고 동사는 주어가 단수가 되므로 is spoken으로 쓴다. 원래 주어인 a lot of people은 by a lot of people로 써서 문장 맨 뒤로 보내기만 하면 된다.

(4) 도둑이 Karen의 책을 훔쳤다. - Karen의 책이 도둑에 의해 훔쳐졌다.(도난당했다)

➡ 목적어 Karen's book을 주어로 쓰고 동사는 주어가 단수가 되므로 was stolen 을 쓴다. 원래 주어인 a thief를 by a thief로 써서 문장 맨 뒤에 쓴다.

(5) 그 고양이가 그 쥐를 죽였다. - 그 쥐는 고양이에 의해 죽임을 당했다.

➡ 목적어인 the mouse를 주어로 쓰고 동사는 주어가 단수가 되므로 was killed 로 쓴다. 원래 주어인 the cat은 by the cat으로 써서 문장 뒤로 보낸다.

Writing Activity p. 85

1 (1) She is not loved by Scott.

(2) This table was not made by me.

2 (1) Was the thief caught by the policeman?

(2) Is the car washed by Steve?

(3) Was Laura helped by Jenny?

3 (1) Thomas Edison invented the light bulb. / The light bulb was invented by Thomas Edison. / Was the light bulb invented by Thomas Edison?

(2) Da Vinci painted the Mona Lisa. / The Mona Lisa was painted by Da Vinci. / Was the Mona Lisa painted by Da Vinci?

1 (1) Scott은 그녀를 사랑하지 않는다. - 그녀는 Scott에 의해 사랑을 받지 않는다.

➡ 목적어 her를 주어인 She로 바꾸고 동사 doesn't love를 is not loved로 바꾼다. 원래 주어인 Scott은 by Scott으로 써서 문장 맨 뒤로 보낸다. 수동태는 언제나 'be동사+과거분사형'으로 만들어야 한다.

(2) 내가 이 테이블을 만들지 않았다. - 이 테이블은 나에 의해서 만들어지지 않았다.

➡ 목적어 this table을 주어 자리에 쓰고 동사 didn't make를 was not made로 바꾼다. didn't make가 과거를 표시하므로 be동사 또한 was를 써야 한다. 원래 주어인 I는 by me로 써서 문장 맨 뒤로 보낸다.

2 (1) 그 경찰관이 도둑을 잡았나요? - 그 도둑이 그 경찰관에 의해 잡혔니?

➡ 단 한번에 수동태로 바꾸기 힘들 때는 먼저 평서문인 The policeman caught the thief.로 바꾼 다음 수동태로 만든다. The thief was caught by the policeman. 그런 다음 마지막으로 be동사 was만 문장 맨 앞으로 보내서 의문문을 만들면 된다.

(2) Steve는 그 차를 세차하니? – 그 차는 Steve에 의해 세차되어지니?

➡ 마찬가지로 먼저 평서문으로 바꾼다. (Steve washed the car.) 그 다음은 수동태로 만든다. (The car is washed by Steve.) 마지막으로 be동사 is만 문장 맨 앞으로 보내기만 하면 된다.

(3) Jenny는 Laura를 도와주었니? – Laura는 Jenny에 의해 도움을 받았니?

➡ 마찬가지로 먼저 평서문으로 바꾼다. (Jenny helped Laura.) 그 다음은 수동태로 만든다. Laura was helped by Jenny. 마지막으로 be동사 was만 문장 맨 앞으로 보내 의문문을 만들면 된다.

3 (1) 토마스 에디슨은 백열전구를 발명했다. / 전열전구는 토마스 에디슨에 의해 발명되었다. / 백열전구는 토마스 에디슨에 의해 발명되었니?

➡ 먼저 평서문은 행동의 주인인 Thomas Edison을 주어로 쓰고 과거에 발명한 일이므로 과거동사인 invented를 동사로 쓴다. 그리고 목적어 the light bulb를 동사 뒤에 쓰면 된다. 여기서 수동태로 전환할 때는 목적어 the light bulb를 다시 주어로, 동사는 was invented로, 원래 주어 Thomas Edison은 by Thomas Edison

으로 써주면 된다. 수동태 의문문은 수동태 문장에서 동사 was만 문장 맨 앞에 써서 만들면 된다.

(2) 다빈치가 모나리자를 그렸다. / 모나리자는 다빈치에 의해서 그려졌다. / 모나리자는 다빈치에 의해서 그려졌니?

➡ 행위의 주인인 Da Vinci를 주어로 쓰고 모나리자를 그린 건 과거의 일이므로 과거동사 painted를 동사로 쓴다. 그리고 the Mona Lisa를 동사 뒤에 목적어로 쓴다. 여기서 수동태로 전환할 때 목적어 the Mona Lisa를 주어로 쓰고 동사는 was painted로 쓴다. 그 다음 원래 주어 Da Vinci를 by Da Vinci로 써주면 된다. 마지막으로 의문문은 be동사 was를 문장 맨 앞에 의문문을 만들어 주면 된다.

Oral Test　　　　p 86

1 be동사+과거분사
2 not / be동사

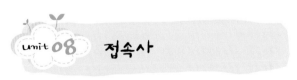

unit 08　　접속사

Target Words & Review Words　　p 87, 96

☐ table tennis 탁구　　☐ fruit ⓝ 과일
☐ tried ⓐ 피곤한　　　☐ sweet ⓐ 단, 달콤한
☐ cheap ⓐ (값)싼　　　☐ turn on a light 불을 켜다
☐ pepper ⓝ 후추　　　☐ light ⓐ 가벼운
☐ hiking ⓝ 도보여행　　☐ lie ⓥ 거짓말하다

☐ grade ⓝ 점수   ☐ curry ⓝ 카레
☐ miss ⓥ 놓치다   ☐ popular ⓐ 인기있는
☐ actress ⓝ 여배우 ☐ weather ⓝ 날씨
☐ cold ⓝ 감기   ☐ sour ⓐ 신, 시큼한
☐ dark ⓐ 어두운   ☐ fat ⓐ 살찐, 뚱뚱한
☐ on foot 걸어서   ☐ ring ⓥ 울리다
☐ trust ⓥ 신뢰하다 ☐ foolish ⓐ 바보 같은
☐ remember ⓥ 기억하다 ☐ sick ⓐ 아픈
☐ boring ⓐ 지루한 ☐ pass ⓥ 통과(합격)하다
☐ amusement park 놀이공원
☐ go fishing 낚시하러 가다

Mini Test
p. 90

2 1 and **2** but **3** or **4** so / 문장 / 문장

Exercise 1
p. 91

(1) and (2) but (3) and (4) but (5) or
(6) or

Exercise 2
p. 92

(1) so (2) and (3) so (4) but (5) but
(6) so

Exercise 3
p. 93

(1) and (2) but (3) or (4) so (5) and
(6) but (7) and (8) but (9) but (10) or
(11) but (12) so (13) and (14) or (15) but

Jump up!
p. 94

1 (1) b (2) c (3) d (4) a
2 (1) 결과: I closed the window.
    원인: It was very cold.
  (2) 결과: I went home. 원인: It started to rain.
3 (1) but / so (2) so / but (3) so / but

1 (1) 나는 배가 고팠지만, 어떤 것도 먹지 않았다.
  ➡ 앞 문장의 반대되는 내용의 but I didn't eat anything이 자연스럽다.
  (2) 이것 또는 저것 중에 어느 것이 너의 모자니?
  ➡ 2개 중의 하나를 선택해야 하므로 or로 연결되는 this or that?의 연결이 자연스럽다.
  (3) 그는 열심히 공부해서 좋은 성적을 받았다.
  ➡ 열심히 공부한 결과로 좋은 성적을 받은 so he got good grades의 연결이 자연스럽다.
  (4) 나는 피곤해서 일찍 잠자리에 들었다.
  ➡ 피곤한 결과로 일찍 자러 간다는 말이 연결되므로 so I went to bed early가 자연스럽다.
2 (1) 매우 추워서 나는 창문을 닫았다.
  ➡ 추운 날씨가 원인이고 그 결과로 창문을 닫았기 때문에 결과는 I closed the window.가 되고, 원인은 It was very cold.가 된다.
  (2) 비가 시작해서, 나는 집으로 갔다.
  ➡ 비가 오기 시작한 것이 원인이고 그 결과로 집으로 돌아갔기 때문에 결과는 I

went home.이 되고 원인은 It started to rain.이 된다.

3 (1) 그 영화는 길었지만 재미있었다. / 그 영화가 길어서 우리는 집에 늦게 도착했다.

➡ 첫 번째 문장은 영화가 길었지만 그러나 재미있었다는 뜻의 서로 반대/상반되는 내용이므로 접속사 but을 쓰고 두 번째 문장은 영화가 길었던 것이 원인이 되어 집에 늦게 도착했다는 뜻이 되므로 접속사 so를 쓴다.

(2) 나는 매우 배가 고파서 모든 초콜릿을 먹었다. / 나는 매우 배가 고팠지만 어떤 것도 먹지 않았다.

➡ 첫 번째 문장은 배고픔이 원인이 되어 초콜릿을 먹은 것이므로 접속사 so를 쓰고 두 번째 문장은 서로 반대되는 내용이므로 접속사 but을 쓴다.

Writing Activity   p. 95

1 (1) My mom cooked curry, but my daddy didn't eat it.
(2) I can remember her face, but I can't remember his name.
(3) We stayed at home, and (we) watched a movie.
(4) They will go on a picnic, or (they will) go to the amusement park.

2 (1) It was raining, so Jason didn't go swimming.
(2) She was sick, so she went to the hospital.
(3) They were late, so they missed the train.
(4) I studied very hard, so I could pass the test.

(5) The party was boring, so the children left.
(6) The movie was interesting, so it was very popular.

1 (1) 엄마가 카레를 요리했지만, 아빠는 그것을 먹지 않았다.

➡ 서로 반대되는 내용이므로 접속사 but을 이용하여 문장을 연결한다.

(2) 나는 그의 얼굴은 기억하지만 그의 이름은 기억을 못한다.

➡ 서로 반대되는 내용이므로 접속사 but을 이용하여 문장을 연결한다.

(3) 우리는 집에 있으면서 영화를 봤다.

➡ 집에 머물러 있으면서 영화를 본 것이므로 서로 대등하게 연결하는 접속사 and를 이용하여 문장을 연결한다. and 뒤에 중복되는 주어(we)는 생략하는 것이 좋다.

(4) 그들은 소풍을 가거나 또는 놀이공원에 갈 것이다.

➡ 둘 중에 하나를 선택하는 내용임으로 접속사 or을 써서 연결한다. or 뒤에 중복되는 표현인 they will을 생략하는 것이 좋다.

2 (1) 비가 내리고 있어서 Jason은 수영하러 가지 않았다.

➡ It was raining.이 원인이므로 문장 앞에 먼저 쓰고 so를 이용해 다음 문장을 연결한다.

(2) 그녀는 아파서 병원에 갔다.

➡ She was sick.가 원인이므로 문장 앞에

먼저 쓰고 so를 이용해 다음 문장을 연결한다.

(3) 그들이 늦어서 열차를 놓쳤다.

➡ They were late.가 원인이므로 문장 앞에 먼저 쓰고 so를 이용해 다음 문장을 연결한다.

(4) 내가 열심히 공부해서 그 시험을 통과할 수 있었다.

➡ I studied very hard.가 원인이므로 문장 앞에 먼저 쓰고 so를 이용해 다음 문장을 연결한다.

(5) 그 파티가 지루해서 아이들이 떠났다.

➡ The party was boring.이 원인이므로 문장 앞에 먼저 쓰고 so를 이용해 다음 문장을 연결한다.

(6) 그 영화는 재미있어서 매우 인기가 많았다.

➡ The movie was interesting.이 원인이 되므로 문장 앞에 먼저 쓰고 so를 이용해 다음 문장을 연결한다.

Oral Test
p. 96

1 and
2 but
3 or
4 so
5 문장 / 문장

Progress Test 2
p. 98

1 How much
2 How many
3 How often do you go shopping?
4 How high is Mt. Everest?
5 How long is that bridge?
6 The book was written by my dad.

7 This toy was made by him.
8 I am loved by my parents.
9 The thief was caught by a policeman.
10 and   11 so   12 but   13 or
14 How much sugar do you need?
15 How many cities do you visit?
16 Tiffany drinks much milk.
17 There are many people in the park.
18 Do you have many friends?
19 The window was not broken by the children. / Was the window broken by the children? / it was
20 The box was not made by her. / Was the box made by her? / it wasn't

Unit 09   비교급/동등 비교

Target Words & Review Words
p. 101, 110

- [ ] famous ⓐ 유명한
- [ ] tall ⓐ 키가 큰
- [ ] heavy ⓐ 무거운
- [ ] busy ⓐ 바쁜
- [ ] strong ⓐ 강한
- [ ] sad ⓐ 슬픈
- [ ] difficult ⓐ 어려운
- [ ] low ⓐ 낮은
- [ ] soda pop 탄산음료
- [ ] fluently ⓐⓓ 유창하게
- [ ] river ⓝ 강
- [ ] history ⓝ 역사

- [ ] quickly ⓐⓓ 빠르게
- [ ] short ⓐ 키가 작은
- [ ] expensive ⓐ (값)비싼
- [ ] cheap ⓐ (값)싼
- [ ] weak ⓐ 약한
- [ ] easy ⓐ 쉬운
- [ ] high ⓐ 높은
- [ ] dangerous ⓐ 위험한
- [ ] healthy ⓐ 건강한
- [ ] slim ⓐ 날씬한
- [ ] ocean ⓝ 바다, 대양
- [ ] cheetah ⓝ 치타

p. 104

Mini Test

1 -er / -r
2 형용사 / 부사
3 not / 비교급

Exercise 1

p. 105

(1) older / younger   (2) taller / shorter
(3) bigger / smaller   (4) stronger / weaker
(5) happier / sadder   (6) faster / slower

Exercise 2

p. 106

(1) easy / difficult   (2) expensive / cheap
(3) hot / cold   (4) high / low   (5) good / bad
(6) long / short

Exercise 3

p. 107

1 (1) longer   (2) smaller   (3) higher
(4) bigger
2 (1) than   (2) as   (3) as   (4) than   (5) as
(6) as

Jump up!

p. 108

1 (1) older   (2) shorter   (3) heavier   (4) longer
(5) lighter   (6) younger
2 (1) as old as   (2) not as sweet as
(3) not as big as   (4) as well as
(5) as slim as   (6) not as heavy as
(7) not as expensive as

1 (1) Steve는 Maria보다 더 나이가 들었다.

➡ old의 비교급인 older를 쓴다.
(2) Maria는 Steve보다 키가 더 작다.
➡ short의 비교급인 shorter를 쓴다.
(3) Steve는 Maria보다 더 무겁다.
➡ heavy의 비교급인 heavier를 쓴다.
(4) Maria의 머리는 Steve의 머리보다 더 길다.
➡ long의 비교급인 longer를 쓴다.
(5) Maria는 Steve보다 더 가볍다.
➡ light의 비교급인 lighter를 쓴다.
(6) Maria는 Steve보다 더 젊다.
➡ young의 비교급인 younger를 쓴다.

2 (1) 내 자전거는 너의 자전거만큼 오래 됐다.
(2) 레몬은 오렌지만큼 달지 않다.
(3) 고양이는 호랑이만큼 크지 않다.
(4) 너는 나만큼 영어를 잘 말할 수 있다.
(5) 내 딸은 너의 딸만큼 날씬하다.
(6) 그 검은색 상자는 빨간색 상자만큼 무겁지 않다.
(7) 내 MP3는 너의 휴대폰만큼 비싸지 않다.
➡ 'as + 형용사/부사의 원급 + as' / 'not as + 형용사/부사의 원급 + as'의 순서대로 문장을 완성하면 된다.

Writing Activity

p. 109

1 (1) I was as tired as Lisa.
(2) Kevin got home as late as Peter.
(3) A river isn't as big as an ocean.
2 (1) A mouse is smaller than an elephant.
(2) English class is more difficult than history class.
(3) The cheetah is faster than the horse.

1 (1) 나는 Lisa만큼 피곤했다.

➡ 누구 하나가 더 피곤한 게 아니라 똑같이 피곤했으므로 형용사 tired를 as … as 사이에 넣어 문장을 완성한다.

(2) Kevin은 Peter만큼 집에 늦게 도착했다.

➡ 누구 하나가 더 먼저 도착한 것이 아니므로 동등비교를 만들어 준다. 부사 late를 as … as 사이에 넣어 문장을 완성한다.

(3) 강은 바다만큼 크지 않다.

➡ 바다가 강보다 더 크다는 내용이므로 동등비교의 부정문을 만든다. 형용사 big을 not as … as 사이에 넣어 문장을 완성한다.

2 (1) 쥐는 코끼리보다 크지 않다. – 쥐는 코끼리보다 더 작다.

➡ '쥐가 코끼리보다 크지 않다'는 '쥐가 코끼리보다 작다'는 비교급으로 나타내줄 수 있다. 여기서 small의 비교급인 smaller를 써서 smaller than이라고 해주면 된다.

(2) 영어 수업은 역사 수업보다 쉽지 않다. – 영어 수업은 역사 수업보다 더 어렵다.

➡ '쉽지 않다'는 '더 어렵다'는 비교급으로 나타내 주면 된다. 여기서 difficult의 비교급 more difficult를 써서 more difficult than이라고 써주면 된다.

(3) 치타는 말보다 느리지 않다. – 치타는 말보다 더 빠르다.

➡ '느리지 않다'는 '더 빠르다'는 비교급으로 표현할 수 있다. 여기서 fast의 비교급 faster than이라고 하면 된다.

Oral Test p. 110

1 -er / -r
2 -i
3 자음
4 more
5 형용사 / 부사
6 not / 비교급

unit 10 최상급

Target Words & Review Words p. 111, 120

- high ⓐ 높은
- mountain ⓝ 산
- animal ⓝ 동물
- season ⓝ 계절
- dangerous ⓐ 위험한
- interesting ⓐ 재미있는
- country ⓝ 나라, 국가
- rattle-snake 방울뱀
- math ⓝ 수학
- Mars ⓝ 화성
- unpopular ⓐ 인기 없는
- whale ⓝ 고래
- carefully ⓐⓓ 조심스럽게
- river ⓝ 강
- heavy ⓐ 무거운
- giraffe ⓝ 기린
- city ⓝ 도시
- month ⓝ 월(달)
- town ⓝ 마을
- subject ⓝ 과목
- popular ⓐ 인기 있
- backpack ⓝ 배낭, 가방

Mini Test p. 114

1 가장 ~한
2 1 -est **2** i **3** 철자(자음) **4** most
   5 best / worst

Exercise 1
p. 115

(1) older – oldest

(2) happier – happiest

(3) more beautiful – most beautiful

(4) bigger – biggest

(5) more expensive – most expensive

(6) larger – largest

(7) hotter – hottest

(8) colder – coldest

(9) better – best

(10) longer – longest

(11) more difficult – most difficult

(12) faster – fastest   (13) worse – worst

Exercise 2
p. 116

(1) tallest   (2) older   (3) most expensive

(4) the prettiest   (5) the most interesting

(6) longer

Exercise 3
p. 117

1 (1) the largest city

(2) the longest river

(3) the largest country

(4) the fastest animal

(5) the shortest month

(6) the most beautiful city

2 (1) It is the oldest building in town.

(2) This coat is more expensive than that hat.

3 (1) Scott is faster than John.

(2) Lisa is most beautiful student in the class.

(3) Jane is older than Julie.

Jump up!
p. 118

(1) taller than   (2) shorter than   (3) the tallest

(4) the shortest   (5) younger than   (6) older than

(7) the youngest   (8) the oldest

(1) Kevin은 Ken보다 키가 더 크다.

➡ 비교급 taller than으로 문장을 완성한다.

(2) Ken은 Bob보다 키가 더 작다.

➡ 비교급 shorter than으로 문장을 완성한다.

(3) Kevin은 셋 중에서 가장 키가 크다.

➡ Sunny가 150으로 가장 키가 크므로 tall을 tallest로 만들고 앞에 정관사 the를 붙인다.

(4) Ken은 셋 중에서 가장 키가 작다.

➡ Kelly는 키가 135로 가장 작으므로 형용사 short를 the shortest로 만들어 문장을 완성한다.

(5) Kathy는 Chris보다 더 어리다.

➡ 비교급 younger than으로 문장을 완성한다.

(6) Chris는 Kathy보다 더 나이가 들었다.

➡ 비교급 older than으로 문장을 완성한다. 비교급에는 언제나 than을 빠뜨리지 않도록 주의한다.

(7) Julie는 셋 중에서 가장 어리다.

➡ 형용사 young의 최상급은 youngest로 만들고 앞에 정관사 the를 쓴다.

(8) Chirs는 셋 중에서 가장 나이가 들었다.

➡ 형용사 old의 최상급은 oldest로 쓰고 앞에 정관사 the를 써서 문장을 완성한다.

Writing Activity p.119

(1) John is the slowest
(2) The Sun is the biggest.
(3) The Mars is the smallest.
(4) Soccer is the most popular.
(5) Basketball is the most unpopular.
(6) Kelly's backpack is the heaviest.
(7) Lucy's backpack is the lightest.

Scott은 John보다 더 빠르다. Bob은 Scott보다 더 빠르다.

(1) 누가 가장 느린가? – John이 셋 중에서 가장 느리다.
　➡ slow의 최상급인 the slowest로 만들어 John is the slowest of the three.로 문장을 완성한다.

지구는 화성보다 더 크다. 지구는 태양보다 더 작다.

(2) 무엇이 가장 큰가? – 태양이 가장 크다.
(3) 무엇이 가장 작은가? – 화성이 가장 작다.
　➡ 형용사 big을 최상급 the biggest로 만들고, 형용사 small의 최상급은 the smallest로 만들어 문장을 완성한다.

축구는 야구보다 더 인기가 많다. 야구는 농구보다 더 인기가 많다.

(4) 가장 인기 있는 것은 무엇인가? – 축구가 가장 인기가 많다.
(5) 가장 인기 없는 것은 무엇인가? – 농구가 가장 인기가 없다.
　➡ popular와 unpopular 모두 2음절어 이상이므로 앞에 the most를 붙여 최상급을 만든 후 문장을 완성한다.

Lisa'의 가방은 Lucy의 가방보다 더 무겁다. Kelly의 가방은 Lisa의 가방보다 더 무겁다.

(6) 누구의 가방이 가장 무거운가? – Kelly의 가방이 가장 무겁다.
(7) 누구의 가방이 가장 가벼운가? – Lucy의 가방이 가장 가볍다.
　➡ 형용사 heavy의 최상급인 the heaviest로 만들고, light의 최상급은 the lightest로 쓴다. 주어가 모두 단수이므로 be동사 is를 쓰고 최상급 앞에 정관사 the를 빼놓지 않도록 조심한다.

Oral Test p.120

1 가장 ~한
2 -est
3 i
4 철자(자음)
5 most

Unit 11 조동사

Target Words & Review Words p.121, 130

- ☐ use ⓥ 사용하다
- ☐ tired ⓐ 피곤한
- ☐ see a doctor 진찰받다
- ☐ late ⓐ 늦은
- ☐ frog ⓝ 개구리
- ☐ ostrich ⓝ 타조
- ☐ singer ⓝ 가수
- ☐ really ⓐⓓ 정말로
- ☐ practice ⓥ 연습하다
- ☐ health ⓝ 건강
- ☐ borrow ⓥ 빌리다
- ☐ sick ⓐ 아픈
- ☐ bicycle ⓝ 자전거
- ☐ turtle ⓝ 거북이
- ☐ turn ⓥ 돌다
- ☐ climb ⓥ (기어) 오르다
- ☐ wear ⓥ 끼다, 입다
- ☐ skinny ⓐ 마른, 바싹 여윈
- ☐ lie ⓝ 거짓말
- ☐ lake ⓝ 호수

Mini Test p.124

1 능력 / 허락(허가)
2 추측 / 허락(허가)
3 had better / have to
4 not / don't have to

Exercise 1 p.125

1 (1) can't (2) can (3) can't (4) can
2 (1) must (2) must not (3) must
  (4) must not

Exercise 2 p.126

1 (1) Can / No, it can't. (2) Can / Yes, he can.
  (3) Can / Yes, it can.
2 (1) Can (2) have to (3) should
  (4) had better

Exercise 3 p.127

1 (1) He should not watch TV so much.
  (2) He should not work so hard.
  (3) She should not drive so fast.
2 (1) must (2) has to (3) must not
  (4) don't have to

Jump up! p.128

1 (1) They have to do their homework.
  (2) You have to read this book.
  (3) Jessica must go to the library.
  (4) Kevin has to see a doctor.
2 (1) had better do exercise for your health
  (2) had better not make a noise
  (3) had better take your umbrella
  (4) had better go to bed early

1 (1) 그들은 숙제를 해야 한다.
  ➡ must do를 have to do로 쓴다. have to
     뒤에는 항상 동사원형을 쓴다.
  (2) 너는 이 책을 읽어야 한다.
  ➡ must read를 have to read로 쓴다.
  (3) Jessica는 도서관에 가야 한다.
  ➡ has to go를 must go로 쓴다. 주어가 3
     인칭 단수일 때는 have 대신 has to를
     써야 한다.
  (4) Kevin은 진찰을 받아야 한다.
  ➡ must see를 has to see로 쓴다. 주어가
     3인칭 단수이기 때문에 has to를 쓴다.
     have to로 쓰지 않도록 주의한다.
2 (1) 당신은 당신의 건강을 위해 운동을 하는

게 좋겠다.

➡ 그림은 살이 많이 쩌서 살을 빼야 하는 상황이므로 do exercise for your health 앞에 had better를 쓴다.

(2) 너는 도서관에서 떠들지 않는 게 좋겠다.

➡ 도서관은 언제나 정숙해야 하므로 make a noise 앞에 had better not을 붙여 had better not make a noise in the library로 문장을 완성한다. had better 의 부정문은 바로 뒤에 'not'만 붙인다. 'don't'를 쓰지 않도록 주의한다.

(3) 비가 오고 있다. 너는 우산을 가져가는 게 좋겠다.

➡ 비가 오고 있으므로 take your umbrella 앞에 had better를 써서 문장을 완성한다.

(4) 너는 일찍 자러 가는 게 좋겠다.

➡ 피곤해 보이는 그림이므로 go to bed early 앞에 had better를 써서 '자러 가는 게 좋겠다'라는 표현을 완성한다.

Writing Activity

p.129

1 (1) You mustn't swim in the river.
  (2) The man mustn't drink beer.
  (3) You must be quiet in class.

2 (1) You should eat breakfast.
  (2) You should do your homework.
  (3) You shouldn't watch TV (so much).
  (4) You should study English.
  (5) You shouldn't get up late.(You should get up early.)
  (6) You shouldn't go to bed late.(You should go to bed early.)

1 (1) 당신은 이 강에서 수영을 해서는 안 된다.

➡ 강한 금지를 나타내는 must not을 이용한다. 동사 swim 앞에 must not을 써서 You must not swim~.으로 문장을 완성한다.

(2) 그 남자는 맥주를 마셔서는 안 된다.

➡ must not을 동사 drink 앞에 써서 강한 금지를 나타낸다. 따라서 The man must not drink~.로 문장을 완성한다.

(3) 그는 박물관에서 담배를 피워서는 안 된다.

➡ must not을 동사 smoke 앞에 써서 강한 금지를 나타내 준다. 따라서 He must not smoke~.로 문장을 완성한다.

(4) 너는 교실에서 조용히 해야 한다.

➡ 조동사 뒤에는 반드시 동사의 원형을 써야 한다. is나 are같은 be동사의 원형은 be이다. 따라서 You must be quiet in class.로 문장을 완성한다.

2 (1) 그녀는 아침을 먹지 않는다. - 너는 아침을 먹는게 좋겠다.

➡ 동사 eat 앞에 should를 써서 You should eat breakfast.로 문장을 완성한다.

(2) 그녀는 숙제를 하지 않는다. - 너는 숙제를 하는 게 좋겠다.

➡ 동사 do 앞에 should를 써서 You should do your homework.로 문장을 완성한다.

(3) 그녀는 TV를 너무 많이 본다. - 너는 TV를 그렇게 많이 보지 않는 게 좋겠다.

➡ should의 부정문인 should not을 동사 watch 앞에 써서 문장을 완성한다. 조

동사 should 뒤에는 언제나 동사의 원형을 쓰므로 watch를 watches로 쓰지 않도록 조심한다.

(4) 그녀는 영어 공부하는 걸 좋아하지 않는다. – 너는 영어를 공부하는 게 좋겠다.

➡ 동사 study 앞에 should를 써서 You should study English.로 문장을 완성한다.

(5) 그녀는 매일 아침 늦게 일어난다. – 너는 늦게 일어나지 않는 게 좋겠다.(너는 일찍 일어나는게 좋겠다)

➡ 동사 get up 앞에 should not을 붙여 You should not get up late.로 문장을 완성한다. 조동사 should 뒤에는 언제나 동사원형을 써야 하므로 get up을 gets up으로 쓰지 않도록 조심한다.(같은 의미로 get up 앞에 should를 붙여 일찍 일어나는 것이 좋겠다는 의미로 You should get up early로 문장을 완성해도 된다.)

(6) 그녀는 늦게 자러 간다. – 너는 늦게 자러 가지 않는 게 좋겠다.(너는 일찍 자러 가는 게 좋겠다)

➡ 동사 go 앞에 should not을 써서 You should not go to bed late.로 문장을 완성한다. 마찬가지로 go를 goes로 쓰지 않도록 조심한다.(같은 의미로 go to bed 앞에 should를 사용해 You should go to bed earlly.로 문장을 완성해도 된다.)

Oral Test   P. 130

1 능력 / 허락(허가)
2 추측 / 허락(허가)
3 had better / have to
4 not / don't have to

unit 12 — How many(much)/very, too/too many, too much

Target Words & Review Words   P. 131, 140

☐ desk ⓝ 책상	☐ heavy ⓐ 무거운
☐ lift ⓥ 들어 올리다	☐ noise ⓝ 소음
☐ cheese ⓝ 치즈	☐ chair ⓝ 의자
☐ carry ⓥ 나르다	☐ need ⓥ 필요하다
☐ bread ⓝ 빵	☐ city ⓝ 도시
☐ vase ⓝ 꽃병	☐ bottle ⓝ 병
☐ piggy bank 돼지 저금통	☐ candle ⓝ 초
☐ basket ⓝ 바구니	☐ suitcase ⓝ 여행 가방
☐ jeans ⓝ 청바지	☐ tight ⓐ 꼭 끼는
☐ wear ⓥ 입다, 끼다	☐ pollution ⓝ 오염
☐ noisy ⓐ 시끄러운	☐ spoon ⓝ 숟가락
☐ fork ⓝ 포크	☐ plate ⓝ 접시
☐ chopstick ⓝ 젓가락	☐ knife ⓝ 칼
☐ earth ⓝ 지구	

네 마리가 있어.

➡ 명사(elephants)가 복수이므로 How many를 쓰고 are there로 의문문을 만든다.

(2) 네 집에는 얼마나 많은 방이 있니? – 우리 집에 다섯 개의 방이 있어.

➡ 복수명사 rooms 앞에 How many를 쓰고 are there로 의문문을 만든다.

(3) 꽃병 속에 얼마나 많은 장미가 있니? 세 송이가 있어.

➡ 복수명사 roses 앞에 How many를 쓰고 복수 주어이므로 are there로 의문문을 만든다.

(4) 교실 안에 얼마나 많은 선생님이 있니? – 두 분이 있어.

➡ 복수명사 teachers 앞에 How many를 쓰고 are there로 의문문을 만든다.

2 (1) 당신은 그 상자를 들 수 없다. 그 상자는 너무 무겁다.

➡ 앞에서 '들 수 없다'라고 말했으므로 too heavy를 쓴다.

(2) Steve는 차를 운전할 수 없다. 그는 너무 어리다.

➡ '운전할 수 없다'라는 불가능을 나타내므로 too young을 쓴다.

(3) 스프는 아주 뜨거웠지만, Kelly는 그것을 먹을 수 있었다.

➡ 뜨겁긴 했지만 '마실 수 있다'는 가능을 나타내므로 very hot을 쓴다.

(4) 나는 밤에 공부할 수가 없다. 너무 시끄럽다.

➡ '공부를 할 수 없다'는 불가능을 나타내므로 too noisy를 쓴다.

Mini Test p.134

1 How many / How much
2 there are / there is
3 있다 / 없다
4 복수(셀 수 있는) / 단수 (셀 수 없는)

Exercise 1 p.135

(1) many (2) many (3) sugar (4) money
(5) much (6) much (7) cities (8) pencils

Exercise 2 p.136

(1) are there (2) cars (3) is there
(4) much sugar (5) much cheese (6) much / is
(7) many / tigers (8) many / are

Exercise 3 p.137

1 (1) very (2) too (3) very (4) too
2 (1) too many (2) too much (3) There is
(4) too many

Jump up! p.138

1 (1) How many elephants are there in the zoo?
(2) How many rooms are there in your house?
(3) How many roses are there in the vase?
(4) How many teachers are there in the classroom?
2 (1) too heavy (2) too young (3) very hot
(4) too noisy

1 (1) 동물원에 코끼리가 얼마나 많이 있니? –

Writing Activity　　　　　　　　　P.139

1 (1) How many forks are there / There are two forks
(2) How many knives are there / There are two knives
(3) How many plates are there
(4) there aren't (any).

2 (1) She can't wear it because it is too big.
(2) He can't finish it because he is too sleepy.
(3) She can't drink it because it is too hot.

1 (1) 사진 속에 얼마나 많은 포크가 있니? – 한 개의 포크가 있어.

➡ How many 뒤에는 복수형을 써야 하므로 forks를 쓰고 주어가 복수형(forks)이므로 are there를 쓴다. 사진 속에 포크가 한 개 있으므로 There is a fork.로 대답문을 완성한다.

(2) 사진 속에 얼마나 많은 칼이 있니? – 한 개 있어.

➡ How many 뒤에는 복수형을 써야 하므로 knives를 쓰고 주어가 복수형(knives)이므로 are there를 쓴다. 사진 속에 칼이 한 개 있으므로 There is a knife.로 대답문을 완성한다.

(3) 사진 속에 얼마나 많은 접시가 있니? – 두 개 있어.

➡ How many 뒤에 복수형을 써야 하므로 plates를 쓰고 주어가 복수형(plates)이므로 are there로 의문문을 완성한다.

(4) 젓가락이 있니? – 아니, 없어.

➡ Are there~?로 물으면 there are로 대답

한다. 대답은 부정이므로 No, there aren't.로 쓴다.

2 (1) 왜 그녀가 모자를 쓸 수 없니? 그녀는 모자가 너무 크기 때문에 쓸 수가 없다.

➡ 모자를 대명사 it으로 처리하여 She can't wear it.으로 쓰고 질문 자체가 불가능을 나타내고 있으므로 It is too big.을 쓴다. 여기서 접속사 because로 연결만 시키면 된다.

(2) 왜 그는 그의 숙제를 끝낼 수 없니? – 그는 너무 피곤하기 때문에 숙제를 끝낼 수가 없다.

➡ 질문 자체가 불가능을 물어보므로 too sleepy를 쓴다. homework를 대명사 it으로 처리하여 He can't finish it.을 쓰고 남학생이 너무 피곤한 것이므로 He is too sleepy.를 쓴다. 이를 접속사 because로 연결만 해 주면 된다.

(3) 왜 그녀는 물을 마실 수가 없니? – 그녀는 물이 너무 뜨겁기 때문에 마실 수가 없다.

➡ the water를 대명사 it으로 처리해서 She can't drink it.을 쓰고 불가능을 나타내므로 It is too hot.으로 쓴다. 접속사 because를 이용해 두 문장을 하나로 연결만 하면 된다.

Oral Test　　　　　　　　　P.140

1 How many / How much
2 there are / there is
3 있다 / 없다
4 복수(셀 수 있는) / 단수(셀 수 없는)

정답 및 해설

Progress Test 3
p. 142

1. younger than / older than
2. taller than / shorter than
3. more expensive than / cheaper than
4. How many / are there
5. How much / is there
6. cars / are there
7. water / is there
8. bigger than
9. the biggest
10. the smallest
11. smaller than
12. smaller than
13. bigger than
14. had better eat more
15. had better do exercise for your health
16. You mustn't smoke here.
17. You must be quiet in class.
18. very hot
19. too young
20. very heavy

Final Test
p. 146

1. He was playing tennis.
2. We were having dinner.
3. He is watching TV.
4. They wash their car.
5. What season
6. What time
7. How far
8. What
9. How
10. How
11. What
12. didn't she?
13. doesn't he?
14. did she?
15. aren't they?
16. is bigger than
17. is faster than
18. is taller than
19. is younger than
20. is as old as Susan
21. doesn't run as fast as a car
22. isn't as cold as winter
23. Thomas Edison invented the light bulb. / The light bulb was invented by Thomas Edison. / Was the light bulb invented by Thomas Edison?
24. Da Vinci painted the Mona Lisa. / The Mona Lisa was painted by Da Vinci. / Was the Mona Lisa painted by Da Vinci?
25. How much orange juice do you drink? / I drink four glasses of orange juice.
26. How many apples does she eat? / She eats three apples a day.
27. and
28. or
29. so
30. but
31. She shouldn't eat ice cream. / She should see a doctor.
32. He shouldn't drink coffee. / He should drink fresh juice.
33. How many flowers are there in the vase?
34. How many cars are there in the parking lot?
35. younger than
36. older than
37. the youngest
38. the oldest
39. Was she listening to music?
40. Were they eating breakfast?

Easy I Can Grammar

WorkBook

Easy
I can Grammar 4

Workbook

📖 주어진 문장을 주어에 알맞은 be동사를 이용하여 과거 진행형으로 바꿔 써 보세요.

(1)

She did her homework.

➡ _____ .

(2)

Jennifer jogged.

➡ _____ .

(3)

They had dinner.

➡ _____ .

(4)

Jason listened to the music.

➡ _____ .

(5)

Wilson watered the flowers.

➡ _____ .

(6)

Tiffany talked on the phone.

➡ _____ .

1 주어진 표현을 이용하여 현재시제 또는 현재 진행형 시제를 이용한 문장을 완성하세요.

(1)

I usually _____ (drink) orange juice, but I _____ (drink) lemonade now.

(2)

Karen often _____ (wear) jeans to school, but today she _____ (wear) a dress.

(3)

Kevin usually _____ (walk) to school, but today he _____ (ride) his bicycle.

(4)

Lisa _____ (not help) her sister with her homework every day, but now she _____ (help) her.

2 주어진 질문에 과거 진행형을 이용하여 대답을 완성하세요.

(1)

(wash / their car)

What were they doing?

➡ _____ .

(2)

(read / a newspaper)

What was he doing?

➡ _____ .

1 보기와 같이 사진에 맞는 과거 진행형 부정문과 과거 진행형 문장을 쓰세요.

보기

listen(No) / sleep(Yes)

Susan wasn't listening to music.

She was sleeping.

(1)

watch (No) / listen (Yes)

Linda _____ TV.

She _____ to music.

(2)

stand (No) / sit (Yes)

The students _____.

They _____ at their desks.

(3)

have (No) / skate (Yes)

Lisa and Bob _____ dinner.

They _____.

2 주어진 사진에 맞는 Yes 또는 No 대답문을 쓰세요.

(1)

Was Tom singing?

➡ _____, _____.

(2)

Was Tiffany driving a car?

➡ _____, _____.

unit 02 Practice Workbook

1 주어진 문장을 (   ) 안의 지시대로 바꿔 쓰세요.

(1) Tom watched TV.
➡ (과거진행 의문문) _____? Yes, _____.

(2) The children did their homework.
➡ (과거진행 부정문) _____.

(3) Tom and Susan played in the park.
➡ (과거진행 의문문) _____? No, _____.

(4) Jessica ate lunch.
➡ (과거진행 부정문) _____.

2 주어진 사진은 작년 이맘때의 결혼식 장면입니다. 보기 와 같이 과거 진행형 의문 문을 만들고, 질문에 대한 알맞은 대답도 써보세요.

 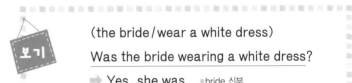

보기
(the bride / wear a white dress)
Was the bride wearing a white dress?
➡ Yes, she was.   ▪bride 신부

(1) (the bride / hold flowers)
_____? ➡ Yes, _____.

(2) (the people / sit)
_____? ➡ No, _____.

(3) (the father / cry)
_____? ➡ No, _____.

(4) (the bride and bridegroom / smile) ▪bridegroom 신랑
_____? ➡ Yes, _____.

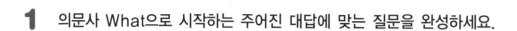

1 의문사 What으로 시작하는 주어진 대답에 맞는 질문을 완성하세요.

> 보기
>
> What day is it?
> ➡ It's Tuesday.

(1) _____ ?

➡ It's March 14th.

(2) _____ ?

➡ It's ten-thirty.

(3) _____ ?

➡ It's October.

(4) _____ ?

➡ It's Wednesday.

(5) _____ ?

➡ It's two thousand and ten.

(6) _____ ?

➡ It's 7 A.M.

2 주어진 단어를 이용하여 사진에 맞게 비인칭 주어 it을 사용한 문장을 완성하세요.

(1)

(snowy)

➡ _____ .

(2)

(rainy)

➡ _____ .

(3)

(sunny)

➡ _____ .

(4)

(windy)

➡ _____ .

unit 03 Practice Workbook

1 보기 와 같이 'How far~?'를 이용하여 문장을 완성하세요.

> 보기
> (here / the station)
> ➡ How far is it from here to the station?

(1) (the hotel / the park)

➡ _____?

(2) (here / the library)

➡ _____?

(3) (your house / the airport)

➡ _____?

2 질문에 대한 대답을 보기에서 골라 쓰세요.

| It's 2010. | It's July 10th. | It's 2:30. |
| It's Saturday. | It's September. | It's summer here. |

(1) What time is it?   ➡ _____.

(2) What month is it?   ➡ _____.

(3) What year is it?   ➡ _____.

(4) What day is it?   ➡ _____.

(5) What's the date today? ➡ _____.

(6) What season is it?   ➡ _____.

1 ( ) 안에서 알맞은 것을 고르세요.

(1)

(What / How) a nice day it is!

(2)

(What / How) a cute girl she is!

(3)

How (cheaply / expensive) the cell phone is.

(4)

What a tall building (they / it) is.

2 빈칸에 알맞은 부가의문문을 쓰세요.

(1) She won the first prize, _____ ?

(2) Tom likes basketball, _____ ?

(3) She didn't like me, _____ ?

(4) They are high school students, _____ ?

(5) Peter doesn't go to the park, _____ ?

(6) He is a very diligent, _____ ?

(7) Jessica has a puppy, _____ ?

 Practice Workbook

1 주어진 문장을 How 또는 What을 이용한 감탄문으로 고쳐 쓰세요.

(1) It is a very delicious cake.

➡ _____ !

(2) She is a very kind doctor.

➡ _____ !

(3) The rabbit is very fast.

➡ _____ !

(4) The computer is very expensive.

➡ _____ !

(5) Sunny is very tall.

➡ _____ !

(6) This is a very nice picture.

➡ _____ !

2 주어진 상황에 맞게 부가의문문을 완성하세요.

(1)

➡ They play basketball, _____ ?

(2)

➡ He wasn't sleeping, _____ ?

(3)

➡ He can't swim, _____ ?

(4)

➡ It was a great party, _____ ?

 ( ) 안에서 알맞은 것을 고르세요.

(1)

There are (many / much) cars in the parking lot.

(2)

He doesn't have (many / much) friends.

(3)

Alice drinks (many / much) coffee.

(4)

There are (many / much) apples.

(5)

Lisa drinks (many / much) milk.

(6)

We don't have (many / much) rain in winter.

1 주어진 문장에 사용된 a lot of를 many 또는 much로 고쳐 다시 쓰세요.

(1) There aren't a lot of people at the zoo.

➡ _____ .

(2) Are there a lot of flowers in the park?

➡ _____ ?

(3) There is a lot of snow on the roof.

➡ _____ .

(4) Do you drink a lot of tea?

➡ _____ ?

(5) There is a lot of food on the table.

➡ _____ .

2 사진을 보고 주어진 단어를 활용하여 many 또는 much를 이용한 문장을 완성하세요.

| rice   time   fruit   oranges |

(1)

Hurry Up! We dont have _____ .

(2)

There isn't _____ .

(3)

There are _____ .

(4)

Nancy doesn't eat _____ .

1 ( ) 안에서 알맞은 것을 고르세요.

(1) How (many / much) oranges do they have?

(2) How (many / much) water does she drink?

(3) How (many / much) rice do you buy?

(4) How (many / much) eggs do they have?

(5) How (many / much) tables are in the cafe?

(6) How (many / much) schools are in this city?

(7) How (many / much) children want ice-cream?

(8) How (many / much) books does Kelly read?

2 ( ) 안에서 알맞은 단어를 골라 대화를 완성하세요.

(1) How (long / old / often) is her son? ➡ 15 years old.

(2) How (tall / for / often) does she play the piano? ➡ Once a week.

(3) How (long / far / heavy) is the library? ➡ About 2 kilometers.

(4) How (tall / old / far) is Seo-yoon? ➡ 175 centimeters.

(5) How (tall / old / often) do you exercise? ➡ Almost every day.

1 빈칸에 How many, How much와 do, does 중 알맞은 것을 써 넣으세요.

(1) _____ apples _____ you have?

(2) _____ money _____ he want?

(3) _____ food _____ they eat?

(4) _____ friends _____ Bob have?

2 보기와 같이 빈칸을 채워 대화를 완성하세요.

보기
A: Is your mother 40 years old?
B: No, she isn't.
A: How old is she?
B: She is 50 years old.

A: Is your school far from here?

B: No, _____.

A: _____?

B: It is one hundred meters away.

3 보기와 같이 How many, How much를 이용해 의문문을 만들고 그 대답도 영작하세요.

보기

A: Do you want pizza?
B: Yes, I do.
A: How much pizza do you want?
B: I want three pieces of pizza. (three pieces of pizza)

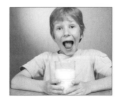
A: Do you drink milk every day?
B: Yes, I do.
A: _____?
B: _____.(four glasses of milk)

Basic Workbook

1 다음 주어진 동사의 과거형과 'be동사+과거분사'를 써 보세요.

동사원형	과거형	be동사+과거분사
(1) study	_____	be _____
(2) buy	_____	be _____
(3) make	_____	be _____
(4) speak	_____	be _____
(5) steal	_____	be _____
(6) teach	_____	be _____
(7) find	_____	be _____
(8) give	_____	be _____
(9) drive	_____	be _____
(10) play	_____	be _____

2 ( ) 안에서 알맞은 것을 고르세요.

(1)

The books (was written / were written) by Laura.

(2)

(Was / Were) the boxes made by him?

(3)

Nancy (is used / uses) the computer.

(4)

The pizza is eaten by (their / them).

Practice Workbook

1 주어진 문장을 수동태로 바꿔 쓰세요.

(1) The tall students cleaned the windows.

➡ _____ .

(2) Farmers grow rice.

➡ _____ .

(3) Thomas Edison invented the phonograph.

➡ _____ . ▪ phonograph ⓝ 측음기

2 주어진 문장을 수동태로 바꿔 쓰세요.

(1) Many Japanese don't speak English.

➡ _____ .

(2) She didn't make the cake.

➡ _____ .

(3) Scott doesn't love Lucy.

➡ _____ .

3 주어진 문장을 수동태 의문문으로 만들고 대답도 완성하세요.

(1) Did your grandmother make this bread?

_____ ? ➡ Yes, _____ .

(2) Did the man stole Rebecca's bicycle?

_____ ? ➡ No, _____ .

(3) Does Steve teach science?

_____ ? ➡ No, _____ .

 빈칸에 알맞은 접속사를 쓰세요.

(1)

Mary is rich, _____ John is poor.

(2)

I study science _____ math.

(3)

Our children are healthy _____ happy.

(4)

Is this an orange _____ an apple?

(5)

Kate is rich, _____ she has an expensive car.

(6)

It was cold, _____ I closed the window.

unit 08 Practice Workbook

1 사진을 보고 알맞은 접속사를 활용하여 문장을 영작하세요.

보기

(Angela / sing / a song)

Peter played the guitar, <u>and Angela sang a song.</u>

(1)

(Lisa / open / her umbrella)

It started to rain, _____.

(2)

(can't / play / it)

I like soccer, _____.

2 접속사 so를 이용하여 두 문장을 연결하세요.

(1) He drank water. He was thirsty.

➡ _____.

(2) There was no food. The children were hungry.

➡ _____.

(3) I went to the hospital. I was sick.

➡ _____.

(4) Eric missed the bus. He was late for school.

➡ _____.

1 사진과 일치하도록 비교급 문장을 완성하세요.

(1)
(big / small)

(2)
(fat / thin)

(3)
(tall / short)

(4)
(old / young)

(1) The left fish ＿＿＿＿＿＿＿＿＿ the right fish.

(2) You ＿＿＿＿＿＿＿＿＿ me.

(3) He ＿＿＿＿＿＿＿＿＿ her.

(4) My grandmother ＿＿＿＿＿＿＿＿＿ me.

2 주어진 비교급 표현을 원급으로 고쳐 써 보세요.

(1)

(easier than)
➡ as ＿＿＿＿＿＿ as

(more difficult than)
➡ as ＿＿＿＿＿＿ as

(2)

(more expensive than)
➡ as ＿＿＿＿＿＿ as

(cheaper than)
➡ as ＿＿＿＿＿＿ as

(3)

(hotter than)
➡ as ＿＿＿＿＿＿ as

(colder than)
➡ as ＿＿＿＿＿＿ as

(4)

(higher than)
➡ as ＿＿＿＿＿＿ as

(lower than)
➡ as ＿＿＿＿＿＿ as

unit 09 Practice Workbook

1 와 같이 as … as 또는 not as … as를 이용하여 문장을 완성하세요.

(fall / hot / summer)

➡ Fall is not as hot as summer.

(1)

(Scott (20) / old / Susan (20))

➡ Scott _____.

(2)

(a bicycle / run / fast / a car)

➡ A bicycle _____.

(3)

(spring / cold / winter)

➡ Spring _____.

2 ( ) 안의 단어를 활용하여 주어진 문장을 비교급 문장으로 바꿔 다시 써 보세요.

(1) Mexico is not as big as Canada.

➡ (small) _____.

(2) My mom is not as old as my dad.

➡ (young) _____.

(3) A tiger is not as safe as a lion.

➡ (dangerous) _____.

(4) Thailand is not as cold as Korea.

➡ (hot) _____.

(5) The Nile River is not as short as the Mississippi.

➡ (long) _____.

1 주어진 형용사와 부사의 비교급과 최상급을 써 보세요.

	비교급	최상급			비교급	최상급
(1) tall	_____	_____	(2) big	_____	_____
(3) large	_____	_____	(4) happy	_____	_____
(5) long	_____	_____	(6) fast	_____	_____
(7) good	_____	_____	(8) bad	_____	_____
(9) cold	_____	_____	(10) hot	_____	_____

2 주어진 단어를 한번씩만 사용하여 최상급 문장을 완성하세요.

| beautiful   long   fast   high |

(1)

Mt. Baekdu is _____ mountain in North Korea.

(2)

The Nile is _____ river.

(3)

The cheetah is _____ animal.

(4)

Seoul is _____ city in Korea.

1 주어진 단어를 활용하여 비교급과 최상급 문장을 만들어 보세요.

(small / big)

(1) (비교급) The golf ball is _____ the tennis ball.

(2) (비교급) The basketball is _____ the soccer ball.

(3) (최상급) The golf ball is _____ of all.

(4) (최상급) The basketball is _____ of all.

2 주어진 문장을 잘 읽고 물음에 답하세요.

Grace is taller than Ann. Nancy is shorter than Ann.

(1) Who is the tallest?

➡ _____ of the three.

(2) Who is the shortest?

➡ _____ of the three.

Karen's bicycle is more expensive than Maria's bicycle.
Bob's bicycle is more expensive than Karen's bicycle.

(3) Whose bicycle is the most expensive?

➡ _____.

(4) Whose bicycle is the cheapest?

➡ _____.

조동사 can과 may를 사용해서 의문문을 만들어 보세요.

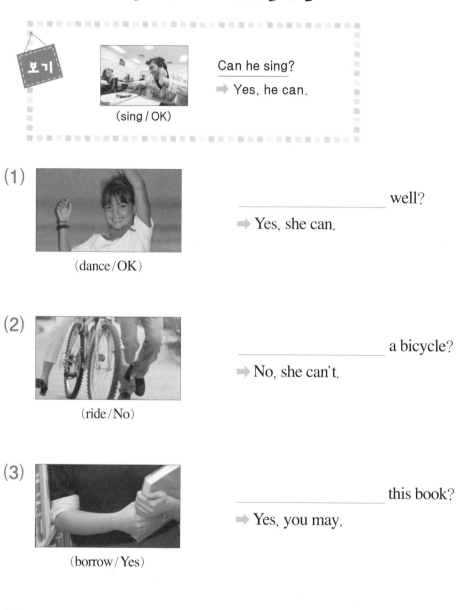

보기

Can he sing?
➡ Yes, he can.

(sing / OK)

(1)

_____ well?
➡ Yes, she can.

(dance / OK)

(2)

_____ a bicycle?
➡ No, she can't.

(ride / No)

(3)

_____ this book?
➡ Yes, you may.

(borrow / Yes)

(4)

_____ some juice?
➡ No, you may not.

(have / No)

1 사진을 보고, 주어진 조동사와 단어를 사용하여 문장을 완성하세요.

(1)

(have to / run)

I'm late. _____ .

(2)

(must / stop)

Look at that sign. We _____ .

(3)

(must / smoke / in the museum)

You _____ .

2 should와 shouldn't를 사용하여 문장을 완성하세요.

(1) Nancy has got a bad cold.

➡ (eat / ice cream) _____ .

➡ (see / a doctor) _____ .

(2) Scott couldn't sleep well last night.

➡ (drink / coffee) _____ .

➡ (drink / fresh juice) _____ .

(3) Peter is always late for school.

➡ (go to bed / late) _____ .

➡ (get up / early) _____ .

1 빈칸에 too many 또는 too much를 써서 문장을 완성하세요.

(1) There is _____ cheese.

(2) There is _____ butter.

(3) There are _____ cars.

(4) There are _____ people.

(5) There is _____ pollution.

(6) There is _____ noise.

(7) There are _____ students.

2 ( ) 안에서 알맞은 것을 고르세요.

(1)

How (many / much) money
(is / are) there in the piggy bank?

(2)

How (much / many) oranges
(is / are) there in the basket?

(3)

How (much / many) students
(is / are) there in the bus?

(4)

How (many / much) butter
(is / are) there on the table?

1 주어진 사진을 보고 'how many+명사+there be'의 의문문을 만드세요.

> 보기 How many women are there in this restaurant?
> ➡ (woman) There are two women in this restaurant.

(1) _____ in this restaurant?
➡ (man) There are two men in this restaurant.

(2) _____ on the table?
➡ (glass) There are six glasses on the table.

(3) _____ on the table?
➡ (candle) There is one candle on the table.

2 대화의 상황을 파악하여 'very+형용사' 또는 'too+형용사'를 구별해서 쓰세요.

> 보기 Tiffany: That dress is pretty, and it's very expensive. (expensive)
> Bob: Are you going to buy it?

(1) Susan: What was wrong with the cake?
   Peter: It was _____. (sweet)

(2) Scott: Do you want to play tennis wih us this afternoon?
   Lisa: I'm _____, (tired) but I think I will.

(3) Jennifer: Did you like the new fish restaurant yesterday?
   Steve: Yes, I did. The fish was _____. (fresh)

(4) Louis: Does your younger brother drive?
   Julia: No, he doesn't. He is only 15. He is _____. (young)

정답 및 해설

Unit 01 과거 진행형

• **Basic** Workbook   p. 2

(1) She was doing her homework.
(2) Jennifer was jogging.
(3) They were having dinner.
(4) Jason was listening to the music.
(5) Wilson was watering the flowers.
(6) Tiffany was talking on the phone.

• **Practice** Workbook   p. 3

1 (1) drink / am drinking (2) wears / is wearing
   (3) walks / is riding (4) doesn't help / is helping
2 (1) They were washing their car.
   (2) He was reading a newspaper.

Unit 02 과거 진행형의 부정문/의문문

• **Basic** Workbook   p. 4

1 (1) wasn't watching / was listening
   (2) weren't standing / were sitting
   (3) weren't having / were skating
2 (1) Yes, he was. (2) No, she wasn't.

• **Practice** Workbook   p. 5

1 (1) Was Tom watching TV? / he was.
   (2) The children weren't doing their homework.
   (3) Were Tom and Susan playing in the park? /
       they weren't.

(4) Jessica wasn't eating lunch.
2 (1) Was the bride holding flowers? / she was.
   (2) Were the people sitting? / they weren't.
   (3) Was the father crying? / she wasn't.
   (4) Were the bride and bridgroom? / they were.

Unit 03 비인칭 주어 it

• **Basic** Workbook   p. 6

1 (1) What's the date today? (2) What time is it?
   (3) What month is it? (4) What day is it?
   (5) What year is it? (6) What time is it?
2 (1) It's snowy. (2) It's rainy. (3) It's sunny.
   (4) It's windy.

• **Practice** Workbook   p. 7

1 (1) How far is it from the hotel to the park?
   (2) How far is it from here to the library?
   (3) How far is it from your house to the airport?
2 (1) It's 2:30. (2) It's September. (3) It's 2010.
   (4) It's Saturday. (5) It's July 10th.
   (6) It's summer here.

Unit 04 감탄문/부가의문문

• **Basic** Workbook   p. 8

1 (1) What (2) What (3) expensive (4) it
2 (1) didn't she (2) doesn't he (3) did she
   (4) aren't they (5) does he (6) isn't he
   (7) doesn't she

26 •

1 (1) What a delicious cake it is!

　　(2) What a kind doctor she is!

　　(3) How fast the rabbit is!

　　(4) How expensive the computer is!

　　(5) How tall Sunny is!

　　(6) What a nice picture this is!

2 (1) don't they　(2) was he　(3) can he

　　(4) wasn't it

unit 05 many, much/a lot of, lots of

(1) many　(2) many　(3) much　(4) many

(5) much　(6) much

1 (1) There aren't many people at the zoo.

　　(2) Are there many flowers in the park?

　　(3) There is much snow on the roof.

　　(4) Do you drink much tea?

　　(5) There is much food on the table.

2 (1) much time　(2) much rice

　　(3) many oranges　(4) much fruit

unit 06 의문부사

1 (1) many　(2) much　(3) much　(4) many

　　(5) many　(6) many　(7) many　(8) many

2 (1) old　(2) often　(3) far　(4) tall　(5) often

1 (1) How many / do　(2) How much / does

　　(3) How much / do　(4) How many / does

2 it isn't / How far is it?

3 How much milk do you drink? / I drink four glasses of milk.

unit 07 수동태

1 (1) studied / studied　(2) bought / bought

　　(3) made / made　(4) spoke / spoken

　　(5) stole / stolen　(6) taught / taught

　　(7) found / found　(8) gave / given

　　(9) drove / driven　(10) played / played

2 (1) were written　(2) Were　(3) uses　(4) them

1 (1) The windows were cleaned by the tall students.

　　(2) Rice is grown by farmers.

　　(3) The phonograph was invented by Thomas Edison.

2 (1) English isn't spoken by many Japanese.

　　(2) The cake weren't made by her.

　　(3) Lucy isn't loved by Scott.

3 (1) Was this bread made by your grandmother? / it was

　　(2) Was Rebecca's bicycle stolen by the man? / it wasn't

　　(3) Is science taught by Steve? / it wasn't

unit 08 접속사

(1) but　(2) and　(3) and　(4) or　(5) so　(6) so

1 (1) so Lisa opened her umbrella

　　(2) but I can't play it

2 (1) He was thirsty, so he drank water.

(2) There was no food, so the children were hungry.

(3) I was sick, so I went to the hospital.

(4) Eric missed the bus, so he was late for school.

unit 09 비교급/동등비교

• **Basic** Workbook   p. 18

1 (1) is bigger than (2) are father than

(3) is taller than (4) is younger than

2 (1) easy / difficult (2) expensive / cheap

(3) hot / cold (4) high / low

• **Practice** Workbook   p. 19

1 (1) is as old as Susan

(2) doesn't run as fast as a car

(3) isn't as cold as winter

2 (1) Mexico is smaller than Canada.

(2) My mom is younger than my dad.

(3) A tiger is more dangerous than a lion.

(4) Thailand is hotter than Korea.

(5) The Nile River is longer than the Mississippi.

unit 10 최상급

• **Basic** Workbook   p. 20

1 (1) taller-tallest (2) bigger-biggest

(3) larger-largest (4) happier-happiest

(5) longer-longest (6) faster-fastest

(7) better-best (8) worse-worst

(9) colder-coldest (10) hotter-hottest

2 (1) the highest (2) the longest (3) the fastest

(4) the most beautiful

• **Practice** Workbook   p. 21

1 (1) smaller than (2) bigger than

(3) the smallest (4) the biggest

2 (1) Grace is the tallest (2) Nancy is the shortest

(3) Bob's bicycle is the most expensive.

(4) Maria's bicycle is the cheapest.

unit 11 조동사

• **Basic** Workbook   p. 22

(1) Can she dance (2) Can she ride

(3) May I borrow (4) May I have

• **Practice** Workbook   p. 23

1 (1) I have to run (2) must stop

(3) must not smoke in the museum

2 (1) She shouldn't eat ice cream. / She should see a doctor.

(2) He shouldn't drink coffee. / He should drink fresh juice.

(3) He shouldn't go to bed late. / He should get up early.

unit 12 How many(much)/very,

• **Basic** Workbook   p. 24

1 (1) too much (2) too much (3) too many

(4) too many (5) too much (6) too much

(7) too many

2 (1) much / is (2) many / are (3) many / are

(4) much / is

• **Practice** Workbook   p. 25

1 (1) How many men are there

(2) How many glasses are there

(3) How many candles are there

2 (1) too sweet (2) very tired (3) very fresh

(4) too young

Book 4

Easy I can Grammar

Workbook